まえがき

　平成18年度より、新試験制度の下で公認会計士試験が実施されました。それに伴い、新たに証券取引法（現行は金融商品取引法）が試験範囲に加わり、科目名も「企業法」と改められました。また、短答式試験は、従来は必須5科目をまとめて3時間で実施していましたが、新試験制度の下では科目ごとの実施に変わって、企業法の試験時間は現在では60分（平成19年度までは90分）となり、出題される問題数も20問（平成26年から平成27年までは18問）になりました。平成18年以前に比べて問題数が増えたことによって、運が作用する余地は少なくなり、実力がきちんと結果に反映されることになりました。その意味では、今まで以上に短答式試験の重要性が増大すると考えていいでしょう。

　なお、本問題集は、4肢6択形式の問題を一部に取り入れているので、本問題集の問題を解くことで、本試験同様の臨場感を味わうことができます。しかし、練習問題はあくまでも練習問題であり、本試験での得点力をアップするためには、その問題で正解に達することができればそれで十分というわけではありません。一つ一つの選択肢の正誤を、その根拠まで遡ってしっかり検討することが大切です。特に、知識があいまいな場合は、条文を見てください。条文を見ただけでは理解が不十分だと感じたときは基本書で内容を確認することも忘れないでください。また、正誤の判断の根拠となる条文を読む場合も、ただ漫然と眺めているだけでは意味がありません。条文の中に示されている意義、趣旨、要件、効果を整理しながら読み込むことが必要です。このような検討を重ねることによって、条文の意味を理解し、その分野の知識を正確に理解し、記憶することが可能になります。過去の本試験問題が、条文の知識を問う問題がほとんどであることに鑑みれば、このような検討がいかに重要かを理解していただけると思います。

JN064377

問題集を繰り返し解いていると、どの肢が正解なのかを覚えてしまうので意味がないのではないかと考えがちですが、練習問題を解くことの意味は、正解の肢を見つけることではなく、五つある肢のすべてにつき正誤の判断をできるようにすることです。たとえ、その肢が正しい肢だと覚えてしまったとしても、なぜ正しいのかを説明できるようにすることが本試験での得点力を高めることになります。

　条文、練習問題を有機的に活用し、合格レベルの実力を身につけるために本書を活用していただければ幸いです。

　2023年（令和5年）5月

資格の大原　公認会計士講座　法律科

本書の特徴と構成

新会社法完全対応
・問題・解説を新会社法に合わせて全面的に改定！
問題編、解答・解説編で学習が完結
本試験に合わせた４肢６択の問題も掲載

---

24 設立全般①

株式会社の設立に関する次のア～エまでの記述のうちには、正しいものが二つある。その記号の組合せの番号を一つ選びなさい。

ア．出資の目的である財産が不動産である場合において、当該財産について定款に記載された価額が相当であることについて、弁護士等の証明がなくても、不動産鑑定士の鑑定評価を受けたときは、裁判所の選任する検査役の調査を受けることを要しない。

イ．設立時募集株式の引受人が、払込期日までに出資の履行をしない場合、発起人は、当該引受人に対して、期日を定め、その期日までに当該出資の履行をしなければならない旨を通知しなければならない。

ウ．株式会社の設立において、発起人が払込みを仮装した場合は仮装した全額について支払義務を負う。

エ．発起設立において、払込みの取扱いをした金融機関は、払い込まれた金銭に相当する金銭の保管証明責任を負わないが、募集設立においては、払込みの取扱いをした金融機関は、払い込まれた金銭に相当する金銭の保管証明責任を負う。

1．アイ　2．アウ　3．アエ　4．イウ　5．イエ　6．ウエ

【各問題の項目を掲載】
出題の内容が一目でわかるので、苦手分野を集中的に学習できます。

【4肢6択の問題も掲載】
本試験と同様の出題形式に慣れることで本試験でも動揺せずに正答を導けるようになります。

---

24 設立全般①

〔解答〕 6
〔解説〕

ア．誤り。
出資の目的である財産が不動産である場合において、当該財産について定款に記載された価額が相当であることについて、弁護士等の証明を受け、かつ、不動産鑑定士の鑑定評価を受けたときは、裁判所の選任する検査役の調査を受けることを要しない（33条10項３号）。

イ．誤り。
設立時募集株式の引受人が、払込期日までに出資の履行をしない場合、発起人は、当該引受人に対して、期日を定め、その期日までに当該出資の履行をしなければならない旨を通知する必要はない（63条３項参照）。引受人が払込期日に当該払込みをしないときは、当然に失権する（63条３項）。発起人の場合は、失権手続を要する（36条）。

ウ．正しい。
52条の２第１項１号。平成26年会社法改正により、発起人は、設立時発行株式の払込金額の払込みを仮装した場合には、株式会社に対し、払込みを仮装した払込金額の全額の支払をしなければならなくなった（52条の２第１項１号）。

エ．正しい。
64条。発起設立においては、払込みの取扱いをした金融機関は払込金の保管証明責任を負わない（34条２項、64条参照）。他方、募集設立においては、払込みの取扱いをした金融機関は払込金の保管証明責任を負う（64条）。

以上により、正しいものは、ウとエであり、解答は６である。

解説にも解答の表示があります。一々正答を確認する必要がないので、効率的に学習できます。

間違いをどう直せばいいかが一目でわかります。正しい内容に直した上で暗記しましょう。

【条文番号を明示】
解答を確認する際は条文を確認することでより理解が深まります。

余白が多いので、メモ書きして、自分用にカスタマイズすることが可能です。

本書の使い方

　短答式対策　企業法は、短答式本試験対策のための最適な問題集です。この問題集を数回繰り返し解くことで、自然に一問、特に一肢ごとの正誤判断を素早く、正確に行うことができるようになると同時に、自分にとっての苦手分野や論点を明確にすることができます。では、本書の使い方の一例を、以下にできるだけ具体的にお示しします。

問 題 を 解 く

　まずは、順番に問題を解いていきましょう。
　①一問解くごとに、または、ある程度まとまった量の問を一気に解いてから答えを見るようにしましょう。
　　・講義の復習時に知識の定着のために解く場合は一問ごとに、答練、本試験の準備として知識の確認のため解くときはまとまった量を一気に解くといいでしょう。
　②解答時間は、一問につき数分程度を目安にしてください。
　　・一問解くのに長く考えすぎないようにしてください。

↓ 答 合 わ せ を す る

　さあ、それでは答え合わせです。初めての問題で、できなかったものがあってもがっかりすることはありません。ここからが、実力アップのスタートです。

↓ 解 説 を 読 む

　はっきり言って、答え合わせまでは単なる作業に過ぎません。ここからが本当の勉強です。
　①不正解だった問はもちろん、正解した問であっても、きちんと解説を読んでください。
　　・正解した問については、一つ一つの肢は自分が正しいと判断した根拠、自分が誤りと判断した根拠が合っていたかを、解説で確認しましょう。
　　・不正解だった問については、なぜその問の中の個別の肢が○肢なのか、なぜその肢が×肢なのかの根拠（理由）を、解説を読んで確認してください。特に×肢については、誤った内容を○肢になるよう正しく直した上で、その知識を覚えるようにしましょう。
　②必要に応じて、教材類、六法を確認してください。
　　・解説を読んだだけでは正誤の判断に自信が持てない場合、解説の内容に疑問が生じたときは、それぞれの基本書として使用している教材類に戻り、該当箇所を確認しましょう。

↓ 解 き 直 し を す る

　さて、全部の問題を一回解きましたね。失礼ながら、この段階ですべての問題を正解したという方は、ほとんどいらっしゃらないと思います。知識を記憶に定着させるために、解き直しをしましょう。この解き直しが、皆さんの実力を伸ばす最も重要な段階ですから、必ず実行してください。

■ 本書の問題の正解の基準と解説中の法令・条文の表記について ■

1. 短答式問題の正解の基準

① 明文規定がある場合は条文の規定内容に合致するかどうかで正しいか誤りかを判断します。

② 明文規定がなく、解釈について争いがある場合には、

  a. 判例

  b. (判例がない場合は)学説の中の通説・多数説

が基準となり、合致するものが正しい、合致しないものが誤りです。

③ 事例や場合分けが必要とされるときは問題文にない事実は不存在と考えます。

 また、善意・悪意(知っている・知らない)等は指摘がなければ不明と考えます。不明な場合も含めて常にあてはまるとしている場合は誤りです。

 なお、特殊な事情は一般に検討しません。ただし、特殊な事情を検討しないと正解肢（内容の正誤ではなく、当該問題の解答として選択すべき肢）が二つ以上になる場合、あるいは正解肢か無くなるような場合は、特殊な事情を検討します。また、正解肢と疑わしい肢が二つ以上ある場合は、相対的に判断しより正解肢らしい肢を正解肢とします。

 （本試験では、若干の疑問が残る場合も特殊な事情は無視して正解を導くべきであると考えられる問題も多かったようです。その限界は微妙ですが、一般に考えるべきかどうかをその問題ごとに考慮することになります。）

2. 法令・条文の表記について

 本書では、法令・条文は次のように表記しています。ただし、法令名の示されていない条文は、会社法（又は商法）の条文を意味します。

 商法→商

 会社法→会

 金融商品取引法→法

 商業登記法→商登

小切手法→小

民事訴訟法→民訴

民事執行法→民執

破産法→破

民法→民

会社更生法→会更

企業法　出題論点一覧表

＊1問の中で複数の論点が出題されている場合があるので，問題の数と○の数は必ずしも一致しません。

出題論点・テーマ	2018年第Ⅰ回	2018年第Ⅱ回	2019年第Ⅰ回	2019年第Ⅱ回	2020年第Ⅰ回	2020年第Ⅱ回	2021年	2022年第Ⅰ回	2022年第Ⅱ回	2023年第Ⅰ回
会社・定義、外国会社										
発起人					○	○		○		
定款・発行可能株式総数	○	○	○	○			○			○
発起設立と募集設立	○		○	○	○	○		○	○	
変態設立事項	○									
設立無効・取消し等		○			○	○				
株主の権利義務、種類株式	○	○		○			○	○	○	
株式の譲渡・担保						○		○	○	
自己株式・親会社株式	○			○						○
株券・振替株式		○			○				○	
株主名簿		○					○	○		○
併合・分割・無償割当て	○	○	○				○			
単元株制度	○			○						
株式会社の機関設計				○	○	○				
株主総会	○	○	○	○			○	○	○	○
取締役・取締役会	○			○	○					
代表取締役	○			○	○					
監査役・監査役会	○					○	○	○	○	
会計参与	○		○						○	
会計監査人							○			
役員等全般	○	○	○	○			○			○
指名委員会等設置会社		○			○	○				
監査等委員会設置会社				○	○	○				○
募集株式の発行等										○
新株予約権				○		○		○		
社債				○		○				
会計帳簿・計算書類		○		○		○		○		
資本金・準備金	○					○			○	
剰余金の配当			○			○	○			
定款変更	○			○						
解散・清算	○		○			○				
事業譲渡等・組織再編行為	○	○	○	○	○		○	○	○	
持分会社	○	○	○	○	○		○			
商人・商行為・商業帳簿	○	○	○	○	○					
商業使用人・商業登記	○	○	○	○	○		○			
商号・営業の譲渡	○			○	○	○			○	
商行為法総論	○			○	○	○	○	○		
匿名組合	○								○	○
交互計算				○						
仲介業、運送・倉庫・場屋	○				○	○		○	○	
金融商品取引法の有価証券				○				○	○	○
発行開示	○				○	○				
流通開示・電子開示	○	○	○	○				○	○	○
公開買付け・大量保有			○			○	○		○	
民事責任・刑罰・行政処分	○	○								

目次

第 2 章 株 式

第 3 章 機 関

第 3 部　金融商品取引法

問題編

第1部
商　法

1 商人・商行為①

　商人・商行為に関する次のア〜エまでの記述のうちには、正しいものが二つある。その記号の組合せの番号を一つ選びなさい。

ア．営利意思をもって他人から取得すべき土地を売却する契約およびその履行のためにその土地を購入する契約は絶対的商行為であり、それを業とする者は商人である。

イ．建物の建築の請負は営業的商行為であり、それを業とする者は商人である。

ウ．結婚の媒介の引受は営業的商行為であり、それを業とする者は商人である。

エ．専ら賃金を得る目的をもって物を製造することを業とする者は小商人である。

　　1．アイ　　2．アウ　　3．アエ　　4．イウ　　5．ウエ

2 商人・商行為②

　商人・商行為に関する次のア〜エまでの記述のうちには、正しいものが二つある。その記号の組合せの番号を一つ選びなさい。

ア．転売して利益を得る目的でXはリゾートマンションを購入したが、その後、気が変わって、自ら別荘として利用している。Xがリゾートマンションを購入する行為は商行為ではない。

イ．親の遺産を相続したXは、それを元手にして貸金業をはじめた。Xが金銭貸付をなす行為は商行為である。

ウ．CDを趣味で収集していたXは、そのCDの数が多数にのぼったことから、それをもとに自宅で、CDレンタル店をはじめた。XがCDの賃貸をなす行為は商行為ではない。

エ．青果商を営むXが市場で自宅用として野菜を購入したが、この野菜の購入行為は商行為とならない。

　1．アイ　　2．アウ　　3．イウ　　4．イエ　　5．ウエ

3 商業使用人

支配人に関する次の記述のうち、正しいものの組合せとして最も適切な番号を一つ選びなさい。

ア．商人が商行為を委任するために支配人を選任したときは、当該支配人の代理権は、当該商人の死亡によって消滅する。

イ．商人は、支配人の代理権に制限を加えても、その制限を第三者に対抗することができない。

ウ．支配人が、営業主である商人の許可を得ずに自己のために商人の営業の部類に属する取引をなした場合、当該営業によって当該支配人が得た利益の額は、当該商人に生じた損害の額と推定される。

エ．ある商人により選任された支配人は、当該商人のために他の支配人を選任することができない。

1．アイ　　2．アウ　　3．アエ　　4．イウ　　5．イエ　　6．ウエ

4 商業登記

商業登記に関する次のア～エまでの記述のうちには、正しいものが二つある。その記号の組合せの番号を一つ選びなさい。

ア．営業主が支配人を選任したが、支配人の選任登記が未了である場合において、この者が支配人としてなした取引につき、相手方は営業主に対しその者が支配人であると主張できない。

イ．支配人の解任登記が未了である場合、営業主は支配人に対しては、解任の事実を主張することができない。

ウ．支配人の解任を登記した場合であっても、営業主は、交通途絶により登記を知りえなかった第三者に対しては解任の事実を主張することはできない。

エ．登記申請者の故意または過失により不実の登記がなされている場合において、登記事項が不実であることにつき善意の第三者は、たとえその点につき過失があったとしても、保護される。

　1．アイ　　2．アウ　　3．アエ　　4．イウ　　5．ウエ

5 商 号

商法上の商号に関する次のア～エまでの記述のうちには、正しいものが二つある。その記号の組合せの番号を一つ選びなさい。

ア．営業の実際と合致しない名称を商号に選定することは禁止される。

イ．商号は営業とともに譲渡する場合にのみ、譲渡することができる。

ウ．個人商人が数種の営業を営む場合、営業ごとに異なる商号を使用することができる。

エ．未登記ながらある商号を先に使用していた個人商人は、不正目的をもって同一商号を使用する個人商人に対して、その商号の使用差止と損害賠償の請求をなしうるが、不正使用者の商号が登記済である場合には、その登記の抹消を請求できる。

1．アイ　　2．アウ　　3．イウ　　4．イエ　　5．ウエ

6 営業譲渡

営業譲渡に関する次のア～エまでの記述のうちには、正しいものが二つある。その記号の組合せの番号を一つ選びなさい。

ア．営業譲渡契約における競業避止義務に関する特約は、30年間を超えない範囲に限られ、これに違反する特約を有する営業譲渡契約は無効となる。

イ．商号の譲渡は、営業譲渡に伴う場合に限られない。

ウ．営業譲渡がなされ譲受人が譲渡人の商号を続用する場合において、譲受人は、譲渡人の営業によって生じた債務につき、譲渡人と連帯して弁済する責任を負うが、債権者が営業譲渡後2年以内に譲受人に対して請求または請求の予告をしないときは、2年の経過をもって譲受人の責任は消滅する。

エ．営業譲渡がなされ譲受人が譲渡人の商号を続用する場合において、譲渡人の営業によって生じた債権につき債務者が譲受人に対して弁済をなしたとき、債務者が善意かつ無重過失であれば、その弁済は有効である。

1．アイ　　2．アウ　　3．イウ　　4．イエ　　5．ウエ

7 商行為法通則①

商事留置権に関する次のア～エまでの記述のうちには、正しいものが二つある。その記号の組合せの番号を一つ選びなさい。

ア．A社は中古車を買い取り、B社に修理してもらって、これを他に販売することを営業としている会社であり、B社は自動車の修理会社である。A社がB社に修理を委託した甲車の修理代金を、弁済期が到来したにもかかわらず支払わない場合、B社はその支払を受けるまで、修理済みのA社の乙車を留置することができる。

イ．A社はいくつもの鉱山を所有する金属採掘会社であり、B社は、継続的にA社のためにA社の鉱山で産出した金属を、C社等の他の会社に売却する契約を媒介していた。A社がB社に代理商契約に基づく手数料を、弁済期が到来したにもかかわらず支払わない場合、B社はその支払を受けるまで、A社から預かっていたC社に売却済みの金属を留置することができる。

ウ．A社は特殊車両を製造する会社であり、B社は運送会社である。A社は、B社に甲車と乙車という2台の特殊車両の運送を別々に依頼した。A社がB社に甲車についての運送料を、弁済期が到来したにもかかわらず支払わない場合、B社はその支払を受けるまで、A社から預かっていた乙車を留置することができる。

エ．商人間の留置権は法定担保物権であるから、当事者の特約によって排除することはできない。

1．アイ　　2．アウ　　3．アエ　　4．イウ　　5．イエ

　商行為に関する次の記述のうち、正しいものの組合せとして最も適切な番号を一つ選びなさい。なお、商法の規定を変更し、又は排除する特約はないものとする。

ア．数人の者がその一人のために商行為となる行為によって債務を負担したときは、その債務は、特約がなくても、各自が連帯して負担する。

イ．商行為によって生じた債務の履行をすべき場所が、その行為の性質又は当事者の意思表示によって定まらないときは、特定物の引渡しは、債権者の現在の営業所（営業所がない場合にあっては、その住所）においてしなければならない。

ウ．交互計算において、当事者が相殺をすべき期間を定めなかったときは、その期間は、1年とする。

エ．匿名組合契約は、営業者の死亡によって終了するが、匿名組合員の死亡によっては終了しない。

　1．アイ　　2．アウ　　3．アエ　　4．イウ　　5．イエ　　6．ウエ

9 交互計算

　交互計算に関する次のア～エまでの記述のうちには、正しいものが二つある。
その記号の組合せの番号を一つ選びなさい。

ア．交互計算契約の当事者は双方とも商人でなければならない。

イ．交互計算の対象となる債権債務は、当事者が約定する一定の期間内に当事者
　　間の取引から生ずる通常の債権債務の一切であるから、除外される債権はない。

ウ．交互計算に組み入れられた債権は、相手方の同意がなくても交互計算から除
　　去することができる場合がある。

エ．交互計算の計算書の承認があった場合、当事者は各項目について異議を述べ
　　ることができない。

　　1．アイ　　　2．アウ　　　3．イウ　　　4．イエ　　　5．ウエ

10 仲介業①

仲介業に関する次のア～エまでの記述のうちには、正しいものが二つある。その記号の組合せの番号を一つ選びなさい。

ア．代理商の留置権は、民事留置権とは異なり被担保債権と留置物との個別的関連性を必要としないが、商人間の留置権と同様に留置の目的物が債務者たる本人の所有に属することは必要とされている。

イ．代理商契約の当事者は、契約期間の定めがある場合であってもいつでも代理商契約を解除することができる。

ウ．仲立人は、媒介により契約が成立し当事者に結約書を交付した後でなければ、報酬を請求することができない。

エ．問屋は、別段の意思表示または慣習のない限り、委託者のためになした販売または買入れにつき相手方が債務を履行しないときは、代替可能なものについては、自ら委託者に対して債務を履行しなければならない。

1．アイ　　2．アウ　　3．イウ　　4．イエ　　5．ウエ

11 仲介業②

　問屋に関する次のア～エまでの記述のうちには、正しいものが二つある。その記号の組合せの番号を一つ選びなさい。

ア．問屋が問屋契約に基づいて第三者と売買契約を締結した場合、第三者に対し売買契約の当事者として権利を有し義務を負うのは問屋ではなくて、委託者である。

イ．問屋が問屋契約に基づいて取得した物品の所有権は、問屋と委託者との関係では特別の権利移転行為がないと、委託者に帰属しないと解される。

ウ．問屋が委託者のためになした売買について、相手方がその債務を履行しない場合、委託者は相手方に対し債務不履行に基づく損害賠償請求をなしえない。

エ．問屋が取引所の相場のある物品の買入れの委託を受けた場合には、原則として問屋は介入権を行使し、自ら売主となることができる。介入権の行使につき委託者の承諾は不要で、問屋による介入の一方的意思表示によりその効力が生ずる。

1．アイ　　2．アウ　　3．アエ　　4．イウ　　5．ウエ

運送・倉庫・場屋営業①

　商人に関する次の記述のうち、正しいものの組合せとして最も適切な番号を一つ選びなさい。なお、商法の規定の適用を排除又は変更する特約はないものとする。

ア．運送人は、荷送人から請求があったときは、送り状を交付しなければならない。

イ．旅客運送人は、注意を怠らなかったことを証明しない限り、旅客が運送のために受けた損害の損害賠償責任を免れることができない。

ウ．運送人とは、自己の名をもって物品運送の取次ぎをなすことを業とする者をいう。

エ．倉庫営業者は、受寄物の滅失又は損傷については、受寄物の保管に関して注意を怠らなかったことを証明しなければ、その損害を賠償する責任を免れることができない。

　1．アイ　　2．アウ　　3．アエ　　4．イウ　　5．イエ　　6．ウエ

13 運送・倉庫・場屋営業②

運送・倉庫・場屋営業に関する次の記述のうち、正しいものの組合せとして最も適切な番号を一つ選びなさい。なお、商法の規定を変更し、又は排除する特約はないものとする。

ア．荷受人は、運送品が到達地に到着し、又は運送品の全部が滅失したときは、物品運送契約によって生じた荷送人の権利と同一の権利を取得する。

イ．運送品を受け取った荷受人は、運送人に対し運送賃の支払義務を負う。

ウ．倉荷証券は、記名式の場合、裏書譲渡できない。

エ．場屋営業者は、客から寄託を受けた物品の保管に関して注意を怠らなかったことを証明した場合には、当該物品の滅失又は損傷について、損害賠償責任を免れる。

1．アイ　　2．アウ　　3．アエ　　4．イウ　　5．イエ　　6．ウエ

第 2 部
会社法

第1章
設　立

14　会社の概念

　会社に関する次のア～エまでの記述のうちには、正しいものが二つある。その記号の組合せの番号を一つ選びなさい。

ア．会社概念でいう営利性は、商人概念でいう営利性と、利益を獲得する目的で対外的に業務を遂行するという点では共通するが、社員に獲得された利益を分配するという点で異なる。

イ．合同会社では社員が一人となったときは当然に解散事由とならないので、一人会社も認められると解されている。

ウ．会社は他の会社の無限責任社員になることができない。

エ．法人格否認の法理の適用により会社は会社としての存在そのものが否定されることになる。

　1．アイ　　2．アウ　　3．イウ　　4．イエ　　5．ウエ

15 株式会社の設立

　株式会社と合名会社の設立手続に関する次のア～エまでの記述のうちには、正しいものが二つある。その記号の組合せの番号を一つ選びなさい。

ア．株式会社の定款に署名するのは発起人であり、合名会社の場合は社員である。

イ．会社の定款作成によって、社員が確定しないのは株式会社であり、合名会社の場合は確定する。

ウ．会社の定款作成によって、機関が確定しないのは株式会社の場合でも合名会社の場合でも同様である。

エ．会社の設立時に金銭出資と現物出資しか認められないのは株式会社の場合でも合名会社の場合でも同様である。

　　1．アイ　　　2．アウ　　　3．イウ　　　4．イエ　　　5．ウエ

16 定款の作成

次のア～エまでの事項のうちには、株式会社の定款の絶対的記載・記録事項であるものが二つある。その記号の組合せの番号を一つ選びなさい。

ア．資本金の額
イ．発行可能株式総数
ウ．会社の設立に際して出資される財産の価額またはその最低額
エ．会社が発行する配当優先株の数

1．アイ　　2．アウ　　3．アエ　　4．イウ　　5．イエ

17 発起設立と募集設立①

　発起設立と募集設立に関する次のア～エまでの記述のうちには、正しいものが二つある。その記号の組合せの番号を一つ選びなさい。

ア．株式会社の発起設立・募集設立ともに、発起人が作成した定款につき、公証人の認証を得る必要がある。

イ．株式会社の発起設立・募集設立ともに、指定された払込取扱金融機関の保管証明が必要である。

ウ．株式会社の発起設立・募集設立ともに、変態設立事項につき、原則として裁判所選任の検査役の調査が必要である。

エ．株式会社の発起設立・募集設立ともに、変態設立事項の変更に服しない発起人は、株式の引受けを取り消すことができない。

　1．アウ　　2．アエ　　3．イウ　　4．イエ　　5．ウエ

18 発起設立と募集設立②

発起設立と募集設立に関する次のア〜エまでの記述のうちには、正しいものが二つある。その記号の組合せの番号を一つ選びなさい。

ア．株式会社において、出資は財産出資に限定され、労務・信用出資はみとめられない。

イ．会社設立に際して現物出資をなす場合、目的物の引渡しとともに登記・登録等の対抗要件の具備は、払込期日までになさねばならない。

ウ．株式の払込みにつき、株式引受人は相殺をもって会社に対抗することはできない。

エ．金銭の出資につき払込取扱機関への払込みが要求されるのは、発起設立に限られる。

1．アイ　　2．アウ　　3．イウ　　4．イエ　　5．ウエ

19 発起設立と募集設立③

株式会社の設立に関する次のア～エまでの記述のうちには、正しいものが二つある。その記号の組合せの番号を一つ選びなさい。

ア．募集設立の場合、会社成立時の現物出資財産の価額が定款記載・記録額に著しく不足することとなったとき、発起人及び設立時取締役は、無過失責任を負う。

イ．発起設立の場合、会社成立時の現物出資財産の価額が定款記載・記録額に著しく不足することとなったとき、すべての発起人は、無過失責任を負う。

ウ．募集設立の場合、株式会社の成立の前に、公証人の認証を受けた定款を創立総会の決議によって変更することができる。

エ．発起設立の場合、株式会社の成立の前に、公証人の認証を受けた定款を一切変更することはできない。

　1．アイ　　2．アウ　　3．アエ　　4．イウ　　5．イエ

20 変態設立事項に関する規制

変態設立事項に関する次のア〜エまでの記述のうちには、正しいものが二つある。その記号の組合せの番号を一つ選びなさい。

ア．定款に記載・記録ある現物出資が現実に会社に給付されたか否かを調査するのは、裁判所選任の検査役である。

イ．定款の記載・記録を欠く発起人の報酬について、会社は支払う必要はない。

ウ．設立登記に要する登録免許税は、定款に記載・記録がなくとも会社は負担しなければならない。

エ．少額の設立費用については、一定の場合、検査役の調査がなくとも会社が当然に負担すべきものとされる。

　1．アイ　　2．アウ　　3．アエ　　4．イウ　　5．イエ

21 設立登記

　設立登記に関する次のア～エまでの記述のうちには、正しいものが二つある。その記号の組合せの番号を一つ選びなさい。

ア．株式会社の設立登記には、会社が成立するという効力が認められる。

イ．設立登記がなされるまでは、株式引受人が創立総会に出席して権利行使をしていても、株式引受人が、錯誤又は詐欺・強迫を理由としてその引受けを取り消すことができる。

ウ．会社の成立によっても、権利株の譲渡制限は解除されない。

エ．設立登記によって株券発行会社の会社成立前の株券発行の禁止が解除され、会社は、遅滞なく株券を発行する義務を負う。

　1．アウ　　2．アエ　　3．イウ　　4．イエ　　5．ウエ

22 設立関与者の責任

株式会社の設立に関する次のア～エまでの記述のうちには、正しいものが二つある。その記号の組合せの番号を一つ選びなさい。

ア．任務を怠った発起人は会社に対して連帯して損害賠償責任を負う。

イ．発起人が、会社の設立に関し任務を怠った場合において悪意又は重過失があっても、第三者に対しては、損害賠償責任を負わない。

ウ．任務を怠った設立時取締役又は設立時監査役は会社に対して連帯して損害賠償責任を負う。

エ．募集設立において発起人の負う不足額填補責任は過失責任の性質を有するので、総株主の同意による免除になじまない。

1．アイ　　2．アウ　　3．イウ　　4．イエ　　5．ウエ

23 設立の瑕疵

株式会社の設立の瑕疵に関する次のア〜エまでの記述のうちには、正しいものが二つある。その記号の組合せの番号を一つ選びなさい。

ア．設立無効判決が確定すると、会社は設立登記時に遡って存在しなかったことになる。

イ．設立登記から2年を経過すれば、もはや設立無効の訴えを提起することはできない。

ウ．設立無効判決は、会社・株主のみに対して、その効力が及ぶ。

エ．設立の無効は、訴えによってのみ主張できる。

　1．アイ　　2．アウ　　3．アエ　　4．イウ　　5．イエ

　株式会社の設立に関する次のア〜エまでの記述のうちには、正しいものが二つある。その記号の組合せの番号を一つ選びなさい。

ア．出資の目的である財産が不動産である場合において、当該財産について定款に記載された価額が相当であることについて、弁護士等の証明がなくても、不動産鑑定士の鑑定評価を受けたときは、裁判所の選任する検査役の調査を受けることを要しない。

イ．設立時募集株式の引受人が、払込期日までに出資の履行をしない場合、発起人は、当該引受人に対して、期日を定め、その期日までに当該出資の履行をしなければならない旨を通知しなければならない。

ウ．株式会社の設立において、発起人が払込みを仮装した場合は仮装した全額について支払義務を負う。

エ．発起設立において、払込みの取扱いをした金融機関は、払い込まれた金額に相当する金銭の保管証明責任を負わないが、募集設立においては、払込みの取扱いをした金融機関は、払い込まれた金額に相当する金銭の保管証明責任を負う。

　　1．アイ　　2．アウ　　3．アエ　　4．イウ　　5．イエ　　6．ウエ

25 設立全般②

　株式会社の設立に関する次のア～エまでの記述のうちには、正しいものが二つ
ある。その記号の組合せの番号を一つ選びなさい。

ア．現物出資につき裁判所選任の検査役の調査がなされた場合、発起設立・募集
　　設立を問わず、裁判所はその報告を聴き、不当と認めたときは決定をもって変
　　更を加え、発起人に通告することは認められていない。

イ．募集設立に際して、株主を募集する場合には、発起人は必ず所定の事項を通
　　知しなければならず、株式申込人は所定の事項を記載した書面の提出（電磁的
　　方法による提供）により株式の申込をしなければならない。

ウ．設立時取締役・設立時監査役は、発起設立の場合、発起人間での決議に基づ
　　いて選任される。

エ．創立総会において定款を変更し、新たに変態設立事項を追加することはでき
　　ない。

　1．アイ　　2．アエ　　3．イウ　　4．イエ　　5．ウエ

26 種類株式等

株式に関する次の記述のうち、正しいものの組合せとして最も適切な番号を一つ選びなさい。

ア．公開会社でない株式会社は、剰余金配当請求権又は残余財産分配請求権に関する事項について、株主ごとに異なる取扱いを行う旨を定款で定めることができるが、議決権に関する事項については、定めることができない。

イ．株式会社が、定款の変更により、その発行する全部の株式の内容として、当該株式会社が一定の事由が生じたことを条件として当該株式を取得することができることを定める場合において、当該定款の変更に反対する株主は、株式買取請求権を行使することはできない。

ウ．種類株式発行会社において、発行可能種類株式総数の合計数は、発行可能株式総数と一致させる必要はない。

エ．発行済株式の一部を譲渡制限株式とする定款の変更には、株主総会の特別決議だけでなく、当該株式の種類株主を構成員とする種類株主総会の特別決議を必要とする。

1．アイ　　2．アウ　　3．アエ　　4．イウ　　5．イエ　　6．ウエ

27 株式の譲渡①

株式の譲渡に関する次のア～エまでの記述のうちには、正しいものが二つある。その記号の組合せの番号を一つ選びなさい。

ア．譲渡制限株式の取得者が、その取得の承認請求をするときは必ずしも会社又は指定買取人による買取請求とを同時にする必要がない。

イ．譲渡制限株式の譲渡人から譲渡承認の請求がなされた日から２週間以内に会社が何ら通知をしないときは、会社・株主間に別段の合意がない限り譲渡は拒絶されたものとみなされる。

ウ．譲渡制限株式の株主からの承認請求及び買取請求に対し、会社は指定買取人を指定して当該株式を買い取らせることができるが、この買取人の指定は、定款に別段の定めがない限り取締役会非設置会社においては、株主総会の特別決議による。

エ．定款で定めれば、譲渡制限株式を相続その他の一般承継により取得した者に対して、会社は取締役会の決議によって、その株式の売渡しを請求することができる。

1．アイ　　2．アウ　　3．アエ　　4．イウ　　5．イエ

28 株式の譲渡②

　株式の譲渡に関する次のア〜エまでの記述のうちには、正しいものが二つある。その記号の組合せの番号を一つ選びなさい。

ア．出資の履行をすることにより募集株式の株主となる権利の譲渡は、株式会社に対し、効力を生じない。

イ．取締役会非設置会社において、譲渡制限株式の譲渡に関する承認機関は株主総会であるが、定款で定めることにより、取締役による決定とすることができる。

ウ．譲渡制限株式の譲渡人から譲渡承認の請求がなされた日から2週間以内に会社が何ら通知をしないときは、会社・株主間に別段の合意がない限り、譲渡は承認されたものとみなされる。

エ．譲渡制限株式の譲渡に際し、譲渡承認請求をした株主は、株式会社による買取りの通知を受けた後も、その請求を自由に撤回することができる。

　1．アイ　　2．アウ　　3．アエ　　4．イウ　　5．イエ　　6．ウエ

29 自己株式①

自己株式の取得に関する次のア～エまでの記述のうちには、正しいものが二つある。その記号の組合せの番号を一つ選びなさい。

ア．公開会社が株主との合意により自己株式を有償で取得するには、取得する株式の数など会社法に定める事項を、あらかじめ株主総会の決議によって定めなければならないが、その子会社の有する当該株式会社の株式を取得する場合には、取締役会の決議のみで、これらの事項を定めることができる。

イ．株式会社が特定の株主との合意により自己株式を有償で取得する場合には、取得する株式の数など会社法に定める事項を、あらかじめ株主総会の決議によって定めなければならず、この株主総会では、当該株主も議決権を行使することができる。

ウ．株式会社が株主との合意により自己株式を無償で取得する場合には、株主総会の決議は必要としない。

エ．単元未満株主からの単元未満株式の買取請求に応じて、株式会社が自己株式を取得し金銭を交付する場合には、交付する金銭の総額は、当該取得が効力を生ずる日における分配可能額を超えてはならない。

　1．アイ　　2．アウ　　3．アエ　　4．イエ　　5．ウエ

30 自己株式②

　株式の取得に関する次のア～エまでの記述のうちには、正しいものが二つある。その記号の組合せの番号を一つ選びなさい。

ア．取締役会設置会社において、すべての株主に申込みの機会を与えて自己株式を取得する場合、自己株式取得に関する事項を株主総会で決定した後、代表取締役は自己の決定に基づき取得を実行することができる。

イ．会社が特定の株主から自己株式を取得する場合であっても、株主全員の同意で定めた定款の定めによって、他の株主が自己を売主に追加する旨の請求ができないものとすることができる。

ウ．取締役会設置会社が、その子会社の有する当該取締役会設置会社の株式を有償で取得する場合、自己の株式の取得に関する事項は、取締役会決議によって決定することができる。

エ．会社が保有する自己株式については、剰余金配当請求権及び残余財産分配請求権は認められないが、募集株式及び募集新株予約権の割当てを受ける権利については認められている。

　1．アイ　　2．アウ　　3．アエ　　4．イウ　　5．イエ　　6．ウエ

31 自己株式③

　自己株式に関する次のア～エまでの記述のうちには、正しいものが二つある。
その記号の組合せの番号を一つ選びなさい。

ア．会社は自己株式を取得したときは、直ちに処分する必要はないが、その取得
　　日の属する事業年度中に処分しなければならない。

イ．会社は、株主からの株式買取請求に基づいて取得した自己株式であっても、
　　消却することができる。

ウ．会社が市場取引・公開買付け以外の方法により、特定の株主から自己株式を
　　取得する場合であっても、株主全員の同意で定めた定款の定めによって、他の
　　株主が自己を売主に追加する旨の請求ができないものとすることができる。

エ．会社は、自己株式につき剰余金の配当を請求することができず、また株式分
　　割の場合も株式数は増加しない。

　1．アイ　　2．アウ　　3．イウ　　4．イエ　　5．ウエ

32 自己株式④

　株式の取得に関する次のア～エまでの記述のうちには、正しいものが二つある。その記号の組合せの番号を一つ選びなさい。

ア．取締役会設置会社が、特定の株主から自己の株式を有償で取得する旨の決定をしようとする場合、取得する株式が市場価格のある株式であるときは、自己の株式の取得に関する事項の決定を取締役会決議で行うことができる。

イ．定款に別段の定めがない場合、取締役会設置会社が、金融商品取引法上の公開買付けの方法により当該株式会社の株式を有償取得する場合には、取得する株式の数の決定は、株主総会の普通決議による。

ウ．子会社は、他の会社の事業の一部を譲り受ける場合において、当該他の会社の有する親会社株式を有償で譲り受けることができない。

エ．子会社は、吸収合併により合併後消滅する会社から親会社株式を承継することができない。

1．アイ　　2．アウ　　3．アエ　　4．イウ　　5．イエ

33 子会社による親会社株の取得

　親会社株式及び自己株式の取得に関する次のア～エまでの記述のうちには、正しいものが二つある。その記号の組合せの番号を一つ選びなさい。

ア．子会社は、原則として親会社株式を取得できない。この禁止規定に違反した場合には罰則が用意されている。

イ．親会社株式取得の禁止は、自己株式取得規制の潜脱を防止するために設けられたものであるから、自己株式と同様に議決権や配当を受ける権利は子会社の有する親会社株式について認められない。

ウ．子会社は、親会社株式を取得した場合には、直ちにそれを処分しなければならない。

エ．自己株式については、新株を割り当てることができない。

　　1．アイ　　2．アウ　　3．アエ　　4．イエ　　5．ウエ

34 株券・振替株式①

株式又は株券に関する次の記述のうち、正しいものの組合せとして最も適切な番号を一つ選びなさい。

ア．会社成立前又は新株発行の効力発生前の株式引受人の地位の譲渡は、会社に対抗することができない。

イ．最高裁判所の判例によれば、株券は、会社法216条所定の形式を具備した文書を作成して株主に交付した時に初めて有効な株券として成立する。

ウ．株券の占有者は、当該株券に係る株式についての権利を適法に有するものとみなされる。

エ．振替株式については株券が発行されないため、善意取得の余地はない。

1．アイ　　2．アウ　　3．アエ　　4．イウ　　5．イエ　　6．ウエ

35 株券・振替株式②

株式に関する次のア〜エまでの記述のうちには、正しいものが二つある。その記号の組合せの番号を一つ選びなさい。

ア．株券発行前の株式譲渡は、会社に対して効力を生じない。

イ．公開会社でない株券発行会社は、株主から請求がある時までは、株券を発行しないことができる。

ウ．株券発行会社においては、株式譲受人は株券を提示しても単独で株主名簿の名義書換請求をすることができない。

エ．株式会社は、株主名簿管理人がある場合には、株主名簿をその本店及び株主名簿管理人の営業所に備え置かなければならない。

1．アイ　　2．アウ　　3．アエ　　4．イウ　　5．イエ

36 株券・振替株式③

株式に関する次の記述のうち、正しいものの組合せとして最も適切な番号を一つ選びなさい。なお、振替株式とは、「社債、株式等の振替に関する法律（「振替法」という。）」の適用を受ける株式をいう。

ア．振替株式の譲渡は、振替の申請により、譲受人がその口座（機関口座ではないものとする。）における保有欄に当該譲渡に係る数の増加の記載又は記録を受けなければ、その効力を生じない。

イ．振替株式を採用する株式会社において、株式併合が行われた場合、振替機関は、株式併合の効力が生ずる日が到来したときに、その日の株主に関する法定の事項を、当該株式会社に対して通知しなければならない。

ウ．株券発行会社である株式会社が自己株式を譲渡する場合、当該譲渡は、当該株式に係る株券の交付がなければ、その効力を生じない。

エ．株券発行会社の株式も譲渡制限株式も振替株式とすることができる。

1．アイ　　2．アウ　　3．アエ　　4．イウ　　5．イエ　　6．ウエ

37 株主名簿①

　株主名簿に関する次のア～エまでの記述のうちには、正しいものが二つある。その記号の組合せの番号を一つ選びなさい（株券発行会社における場合に限るものとする）。

ア．株主名簿は電磁的記録によって作成することができる。

イ．株主名簿は常に会社の本店及び支店に備え置かなければならない。

ウ．会社は、株主名簿に記載してある株主の住所に通知または催告（情報通信の技術を利用する方法によることも可）をすればよく、その通知又は催告は、通常到達すべきであった時に到達したものと看做される。

エ．株主名簿の名義書換えは、譲受人のみの請求によって行うことは一切できない。

　1．アイ　　2．アウ　　3．アエ　　4．イエ　　5．ウエ

38 株主名簿②

株主名簿に関する次のア～エまでの記述のうちには、正しいものが二つある。その記号の組合せの番号を一つ選びなさい。

ア．株主は会社の営業時間内であれば株主名簿の閲覧・謄写を請求でき、株主の閲覧・謄写請求が不当な意図・目的によるものなど、その権利を濫用するものと認められる場合には、会社は株主の請求を拒絶できるとするのが判例である。

イ．会社が、株式譲受人が株券を提示してなした名義書換請求を正当な理由なく拒絶した場合、当該株主は名義書換未了のまま株主として権利行使できるとするのが判例である。

ウ．株券発行会社でない会社の株式の移転は、株主名簿の名義書換をしなければ、会社に対抗できないが、第三者に対しては対抗できる。

エ．単元未満株式を取得した株主には、株主名簿の名義書換請求権は認められない。

1．アイ　　2．アウ　　3．アエ　　4．イエ　　5．ウエ

39 株式併合

　公開会社における株式に関する次のア〜エまでの記述のうちには、正しいものが二つある。その記号の組合せの番号を一つ選びなさい。

ア．株式の併合の効力発生日における発行可能株式総数は、効力発生日における発行済株式の総数の４倍を超えることができる。

イ．取締役は、株式併合の決議をする株主総会において、株式の併合をすることを必要とする理由を説明しなければならない。

ウ．株式会社が株式の併合をすることにより株式の数に一株に満たない端数（単元未満株式にのみ端数が生じる場合を除く。）が生ずる場合には、反対株主は、当該株式会社に対し、自己の有する株式のうち一株に満たない端数となるものの全部を公正な価格で買い取ることを請求することができる。

エ．株式併合により、発行済株式総数と資本金は当然に減少するが、会社財産は減少しない。

　1．アイ　　2．アウ　　3．アエ　　4．イウ　　5．イエ　　6．ウエ

40 株式消却・併合・分割・無償割当て

株式の消却・併合・分割・無償割当てに関する次のア～エまでの記述のうちには、正しいものが二つある。その記号の組合せの番号を一つ選びなさい。

ア．株式の分割をする場合には基準日を定める必要があるが、株式の無償割当てをする場合には基準日を定める必要はない。

イ．株式の消却と株式の併合は、取締役会設置会社においてその決定をする場合には、いずれも取締役会の決議のみで決定できる。

ウ．株式の消却が行われた場合、定款変更の手続がなくても発行可能株式総数は当然に減少する。

エ．自己株式の消却、株式の併合、株式の分割及び株式の無償割当ては、いずれもそれ自体によって資本金の額を変動させない。

1．アイ　　2．アウ　　3．アエ　　4．イエ　　5．ウエ

41 株式無償割当て

株式に関する次のア～エまでの記述のうちには、正しいものが二つある。その記号の組合せの番号を一つ選びなさい。

ア．株式会社は、株主（種類株式発行会社にあっては、ある種類の種類株主）に対して新たに払込みをさせないで当該株式会社の株式の割当てをすることができる。

イ．株式会社は、株式無償割当てをしようとするときは、原則として株主総会（取締役会設置会社にあっては、取締役会）の決議によらなければならない。

ウ．株式無償割当ても株式分割も、会社が有する自己株式に割当てが生じることはない。

エ．株式無償割当て・株式分割においては、会社がすでに有している自己株式を交付することができる。

　1．アイ　　2．アウ　　3．アエ　　4．イエ　　5．ウエ

42 単元株

　単元株制度に関する次のア～エまでの記述のうちには、正しいものが二つある。その記号の組合せの番号を一つ選びなさい。

ア．会社が単元株制度を廃止したり、単元株式数を減少するためには取締役会の決議で定款を変更することができる。

イ．単元株式数を増加するためには、原則として株主総会による定款変更が必要となる。

ウ．会社が数種の株式を発行している場合には、その種類の株式ごとに単元株式数を定めることは必要ない。

エ．単元株式数の変更と株式分割は同時にできない。

　1．アイ　　2．アウ　　3．イウ　　4．イエ　　5．ウエ

43 株式全般

株式に関する次のア～エまでの記述のうちには、正しいものが二つある。その記号の組合せの番号を一つ選びなさい。

ア．株式会社は、株主名簿の閲覧請求者が当該株式会社の業務と実質的に競争関係にある事業を営み又はこれに従事するものであるとき、請求を拒むことができる。

イ．株式会社が全部取得条項付種類株式を取得する場合、事前の開示制度が義務付けられている。

ウ．全部取得条項付種類株式の取得が法令又は定款に違反する場合において、その取得によって株式会社に著しい損害が生ずるおそれがあるときは、株主は、株式会社に対し、当該全部取得条項付種類株式の取得をやめることを請求することができる。

エ．株式会社が全部取得条項付種類株式を取得した場合、事後の開示制度が義務付けられている。

1．アイ　　2．アウ　　3．アエ　　4．イウ　　5．イエ　　6．ウエ

44 株主総会①

　株主総会の権限・手続等に関する次のア～エまでの記述のうちには、正しいものが二つある。その記号の組合せの番号を一つ選びなさい。

ア．取締役会設置会社以外の株主総会は、法令によりその決議事項と定められたものの範囲が、取締役会設置会社の株主総会よりも範囲が広い。

イ．取締役会設置会社以外の株主総会においては、招集権者が会議の目的と定めて株主に通知した事項以外は決議できないが、取締役会設置会社の株主総会は、招集権者が当該会議の目的として定めた事項以外の事項も決議できる。

ウ．株主総会の法定権限とされる事項を取締役・執行役・取締役会その他の株主総会以外の機関が決定することができることを内容とする定款の定めは、無効である。

エ．公開会社・非公開会社を問わず、株主総会を招集するには、招集権者が、会日の2週間前までに、株主に対して会議の目的たる事項を記載・記録した書面・電磁的方法により招集通知を発しなければならない。

　1．アイ　　2．アウ　　3．イウ　　4．イエ　　5．ウエ

45 株主総会②

　株主の議決権に関する次のア～エまでの記述のうちには、正しいものが二つある。その記号の組合せの番号を一つ選びなさい。

ア．残余財産の分配に関して優先的内容を有する株主については、株主が議決権を有しない旨を定款で定めることができる。

イ．発行可能株式総数に関する定款変更の決議をする場合には、株主総会において、特殊決議をすることを要する。

ウ．代理人によって議決権を行使しようとする株主は、株主総会ごとに代理権を証する書面を会社に提出することを要する。

エ．相互に持ち合っている株式については、各会社は、互いに議決権を行使することができない。

　　1．アイ　　2．アウ　　3．アエ　　4．イウ　　5．ウエ

46 株主総会③

　株主総会に関する次のア〜エまでの記述のうちには、正しいものが二つある。その記号の組合せの番号を一つ選びなさい。

ア．株主総会においては、株主が代理人に議決権を行使させることが認められる。

イ．会社は、株主総会の議決権の不統一行使について拒絶できない。

ウ．株主が、総会の招集を請求した後、裁判所の許可を得て、自ら株主総会を招集することができる場合がある。

エ．株主総会決議につき特別の利害関係を有する者は議決権を行使できないので、この者に対して、招集通知を発する必要はなく、また、この者が議決権を行使してしまった場合、決議方法の法令違反として決議取消原因となる。

　1．アイ　　2．アウ　　3．イウ　　4．イエ　　5．ウエ

47 株主総会④

　株主総会に関する次のア〜エまでの記述のうちには、正しいものが二つある。その記号の組合せの番号を一つ選びなさい。

ア．議決権を有する株主数が1,000人以上の会社以外の会社の株主は、株主総会の議決権を書面によって行使しうることは、認められる。

イ．議決権を有する株主数が1,000人以上の会社に限り、定款をもって株主総会に出席しない株主が電磁的方法により議決権を行使することができる旨を定めることができる。

ウ．法定の要件を満たした少数株主が、株主総会の招集を請求したにもかかわらず遅滞なく招集手続がなされない場合は、この少数株主は、裁判所の許可を得て株主総会を自ら招集しうる。

エ．すべての株式会社において、定款で株主総会の招集通知の発出から会日までの期間は2週間である。

　　1．アイ　　2．アウ　　3．アエ　　4．イウ　　5．イエ

48 株主総会⑤

　株主総会に関する次のア～エまでの記述のうちには、正しいものが二つある。その記号の組合せの番号を一つ選びなさい。

ア．株主総会において議決権を行使することができるすべての株主の同意があっても、招集の手続を経ずに、株主総会を開催することができない。

イ．株主総会決議事項であれば例外なく、書面による株主総会決議の省略が認められている。

ウ．株主総会特別決議は、①議決権を行使することができる株主の議決権の過半数を有する株主が出席し（定足数）、②出席株主の議決権の3分の2以上にあたる多数をもって成立するが、定足数の一定限度の緩和と決議要件の加重が認められる。

エ．定款をもって、株主総会特別決議の定足数につき定めた場合であっても、議決権を行使することができる株主の議決権の3分の1未満にまでこれを下げることはできない。

　　1．アイ　　2．アウ　　3．アエ　　4．イウ　　5．ウエ

49 株主総会⑥

株主総会に関する次の記述のうち、正しいものの組合せとして最も適切な番号を一つ選びなさい。なお、定款に別段の定めはないものとする。

ア．公開会社でない取締役会設置会社において、1株の株式（議決権があるものとする。）を3箇月間保有する株主は、取締役に対し、一定の事項を株主総会の目的とすることを請求することができる。

イ．株主総会において、株主の提案した議案が総株主の議決権の10分の1以上の賛成を得られなかった場合には、当該株主を含む株主は、当該議案と同一の議案をその後3年を経過する日まで、提出することができない。

ウ．株式会社は、総株主（株主総会において決議をすることができる事項の全部につき議決権を行使することができない株主を除く。）の議決権の100分の1以上の議決権を有する株主からの請求があった場合、株主総会に係る招集の手続及び決議の方法を調査させるため、当該株主総会に先立ち、裁判所に対し、検査役の選任の申立てをしなければならない。

エ．株式会社が自己株式を適法に有する場合、株主総会及び種類株主総会において議決権を有しない。

1．アイ　　2．アウ　　3．アエ　　4．イウ　　5．イエ　　6．ウエ

50 株主総会⑦

　株主総会決議に関する次のア～エまでの記述のうちには、正しいものが二つある。その記号の組合せの番号を一つ選びなさい（指名委員会等設置会社を除く）。

ア．株主総会決議に取消原因がある場合でも、決議の日より３箇月以内に決議取消しの訴えが提起されない場合には、もはや決議の効力を争うことはできなくなる。

イ．決議取消しの訴えを提起できるのは、株主、代表取締役、監査役、債権者に限られる。

ウ．決議につき特別利害関係のある株主による議決権行使がなされたとしても、それにより著しく不当な決議がなされたといえない場合には、決議取消原因とはならない。

エ．決議内容の法令・定款違反は決議無効確認の訴えの対象となる。

　1．アイ　　2．アウ　　3．イウ　　4．イエ　　5．ウエ

51 取締役①

取締役に関する次の記述のうち、正しいものの組合せとして最も適切な番号を一つ選びなさい。

ア．取締役は、当該会社の会計参与を兼ねることができる。

イ．取締役が欠けた場合又は会社法若しくは定款で定めた取締役の員数が欠けた場合において、裁判所は、必要があると認めるときは、利害関係人の申立てにより、一時取締役の職務を行うべき者を選任することができる。

ウ．監査役設置会社である公開会社の取締役の任期は、原則として2年であり、短縮又は伸長することが認められる。

エ．監査役設置会社の社外取締役の解任は、株主総会の普通決議によりなすことができる。

　1．アイ　　2．アウ　　3．アエ　　4．イウ　　5．イエ　　6．ウエ

52 取締役②

　株式会社（指名委員会等設置会社ではない公開・大会社を前提とする。）の取締役に関する次のア～エまでの記述のうちには、正しいものが二つある。その記号の組合せの番号を一つ選びなさい。

ア．取締役が自宅建設資金を銀行から借り入れるに際して、会社が取締役のために保証人となることは認められていない。

イ．取締役会の承認を得ずに取締役が競業取引をなした場合、この取引の相手方が取締役会の承認がないことにつき悪意の場合、その競業取引は無効である。

ウ．取締役が第三者の計算において取締役会の承認を得ずに競業取引をなした場合、会社は損害賠償請求権を行使することができる。

エ．取締役が会社に対し自己の資産を無償で贈与する場合、取締役会の承認は不要である。

　1．アイ　　2．アウ　　3．アエ　　4．イウ　　5．ウエ

53 取締役③

取締役の責任に関する次の記述のうち、正しいものの組合せとして最も適切な番号を一つ選びなさい。

ア．自己のために株式会社と取引をした取締役の当該株式会社に対する損害賠償責任は、任務を怠ったことが当該取締役の責めに帰することができない事由によるものであることをもって免れることができず、また、総株主の同意によって免除することもできない。

イ．社外取締役の株式会社に対する会社法423条1項の損害賠償責任は、定款の定めがあれば、責任限定契約によって事前に軽減することができる。

ウ．取締役を辞任した者が、辞任登記を申請しないで不実の登記を残存させることにつき、明示的又は黙示的な承諾を与えていたなど特段の事情が存在する場合には、当該取締役を辞任した者は、善意の第三者に対して取締役でないことを対抗することができない結果、取締役として当該第三者に対する会社法429条1項の損害賠償責任を負う余地がある。

エ．取締役が虚偽の公告をしたことにより、第三者に損害が生じた場合、当該取締役は第三者に対して損害賠償責任を負うが、当該取締役が当該虚偽の公告をすることについて注意を怠らなかったことを証明したときは、当該損害賠償責任を負わない。

1．アイ　　2．アウ　　3．アエ　　4．イウ　　5．イエ　　6．ウエ

54 取締役④

　株式会社（指名委員会等設置会社及び監査等委員会設置会社ではない公開・大会社を前提とする。）の取締役の選任及び解任に関する次のア～エまでの記述のうちには、正しいものが二つある。その記号の組合せの番号を一つ選びなさい。なお、種類株式は考慮しないものとする。

ア．取締役全員を株主の中から選任することはできない。

イ．２人以上の取締役の選任を目的とする株主総会が招集されたときは、定款に別段の定めがない限り、株主は会社に対して累積投票によるべきことを請求することができる。

ウ．株主総会は、いつでも事由の如何を問わず、その普通決議をもって取締役を解任することができ、その決議が否決された場合に、不正行為等の存する取締役に対しては、一定の要件の下で取締役解任の訴えが認められている。

エ．取締役が解任された結果、取締役が法定または定款所定の員数を欠くに至った場合、解任された取締役は、新たに選任された取締役が就職するまで、取締役としての権利義務を有する。

　1．アイ　　2．アウ　　3．アエ　　4．イウ　　5．ウエ

55 取締役⑤

株式会社の機関に関する次の記述のうち、正しいものの組合せとして最も適切な番号を一つ選びなさい。なお、定款に別段の定めはないものとする。

ア．最高裁判所の判例によれば、取締役を債務者とし、株式会社を債権者とする金銭消費貸借契約が取締役会の承認を受けていない場合、当該取締役は当該取引が無効であることを当該株式会社に対して主張することができる。

イ．最高裁判所の判例によれば、株式会社に対し取締役が無利息、無担保で金銭を貸し付ける行為は、取締役会による承認を要しない。

ウ．取締役の報酬等を定める株主総会において、取締役は報酬等について意見を述べることができる。

エ．代表取締役も代表執行役もその氏名及び住所を登記する必要がある。

  1．アイ　　2．アウ　　3．アエ　　4．イウ　　5．イエ　　6．ウエ

56 取締役⑥

　株式会社（指名委員会等設置会社ではない公開・大会社を前提とする。）の取締役に関する次のア～エまでの記述のうちには、正しいものが二つある。その記号の組合せの番号を一つ選びなさい。

ア．取締役が計算書類に記載すべき重要な事項について虚偽の記載又は記録をした場合、それについて当該取締役が無過失を証明しても、第三者に対して損害賠償責任を負担する。

イ．取締役の選任決議を欠くが就任登記のなされている者は、法律上は取締役とはいえないため、善意の第三者に対しても損害賠償責任を負うことはない。

ウ．株主は一定の要件の下で代表訴訟により取締役の会社に対する責任を追及することができるが、代表訴訟が悪意によることを被告たる取締役が疎明したときは、裁判所は被告の請求により原告たる株主に対して相当の担保の提供を命ずることができる。

エ．取締役が悪意又は重過失によりその職務を懈怠したことにより会社債権者に損害を生ぜしめたときは、取締役は会社債権者に対して損害賠償責任を負うが、会社債権者はその責任を追及するため必要があるときは、裁判所の許可を得て取締役会議事録の閲覧又は謄写を請求することができる。

1．アイ　　2．アウ　　3．アエ　　4．イウ　　5．ウエ

57 取締役⑦

取締役に関する次の記述のうち、正しいものの組合せとして最も適切な番号を一つ選びなさい。

ア．監査役設置会社においては、取締役及び監査役の全員の同意があるときは、招集の手続を経ることなく取締役会を開催することができる。

イ．公開会社の株主は、取締役が目的の範囲外の行為その他法令若しくは定款に違反する行為をし、又はこれらの行為をするおそれがあると認めるときは、取締役に対し、取締役会の招集を請求することができる。

ウ．公開会社の株主は、その権利の行使に必要なときは、裁判所の許可を得て取締役会の議事録を閲覧することができる。

エ．取締役は、その職務の執行に関し、会社又は第三者に生じた損害を賠償する責任を負う場合における損失の全部又は一部を、当該会社が当該取締役に対して補償することを約する契約を会社法の規定に基づき締結することができる。

1．アイ　　2．アウ　　3．アエ　　4．イウ　　5．イエ　　6．ウエ

58 取締役⑧

　株主の代表訴訟に関する次のア～エまでの記述のうちには、正しいものが二つある。その記号の組合せの番号を一つ選びなさい。

ア．取締役の不足額填補責任は、株主の代表訴訟により追及しうる。

イ．会社から議決権の行使につき金銭を受け取った株主の金銭返済責任は、株主の代表訴訟により追及しうる。

ウ．会計監査人の会社に対する債務不履行に基づく損害賠償責任は、株主の代表訴訟により追及しえない。

エ．会社と通謀し不公正な払込金額で株式を引受けた株主の差額支払責任は、株主の代表訴訟により追及しえない。

　1．アイ　　2．アウ　　3．アエ　　4．イエ　　5．ウエ

59 取締役⑨

　株主の代表訴訟及び違法行為差止請求に関する次のア～エまでの記述のうちには、正しいものが二つある。その記号の組合せの番号を一つ選びなさい。

ア．取締役の責任を追及する請求をした株主は、会社が60日以内に訴えを提起しない場合にのみ、会社のために訴えを提起することができる。

イ．公開会社の株主が違法行為差止請求をするに際しては、6ヶ月以上前から株式を保有している必要がある。

ウ．監査役は、取締役が会社の目的の範囲外の行為その他法令・定款違反の行為をし、又はこれらの行為をするおそれがある場合において、その行為によって会社に回復することのできない損害が生じるおそれがあるときにのみ、その取締役に対し、当該行為の差止めを請求することができる。

エ．株主代表訴訟が提起された場合、会社又は他の株主はその訴訟に参加することができ、会社が取締役に対して訴訟を提起した場合には、株主はその訴訟に参加することができる。

　1．アイ　　2．アウ　　3．イウ　　4．イエ　　5．ウエ

60 取締役⑩

取締役の責任に関する次のア〜エまでの記述のうちには、正しいものが二つある。その記号の組合せの番号を一つ選びなさい。

ア．親会社の株式を一株でも有していれば、子会社の取締役に対して、特定責任追及の訴えを提起できる。

イ．取締役が計算書類等に虚偽の記載をした場合、自己の無過失を立証しない限り第三者に対して責任を負う。

ウ．代表訴訟を提起した株主は、当該株式会社の承認がない限り、被告である取締役と裁判上の和解をすることはできない。

エ．仮装払込みをした募集株式の引受人・新株予約権者の支払義務に関しては、代表訴訟の対象とすることはできない。

1．アイ　　2．アウ　　3．アエ　　4．イウ　　5．イエ　　6．ウエ

61 特別取締役

　株式会社の特別取締役の議決による取締役会決議に関する次のア～エまでの記述のうちには、正しいものが二つある。その記号の組合せの番号を一つ選びなさい。

ア．特別取締役により決定する事項は、362条4項の専決事項のうち、特に迅速性が求められる重要な財産の処分及び譲受けと多額の借財についてである（362条4項1号2号）。

イ．特別取締役を選定できる会社は取締役の員数が10人以上である会社である。

ウ．特別取締役を選定できる会社は社外取締役が1人以上必要であるが、社外取締役が特別取締役に選定されなければならない。

エ．複数の監査役が設置された場合、監査役の互選により、特別取締役による議決の定めがなされる取締役会に出席すべき監査役を定めることができ、定められた監査役以外の監査役は出席義務を負わない。

　1．アイ　　2．アウ　　3．アエ　　4．イエ　　5．ウエ

62 指名委員会等①

　指名委員会等設置会社に関する次のア～エまでの記述のうちには、正しいものが二つある。その記号の組合せの番号を一つ選びなさい。

ア．株式会社は、その規模に関係なく、また公開会社であるか否かを問わず、指名委員会等設置会社となることができるが、指名委員会等設置会社には取締役会及び会計監査人の設置が義務付けられている。

イ．指名委員会は、委員である各取締役が招集するが、特定の取締役に招集権を専属させることも認められている。

ウ．取締役会は、執行役の職務の執行が法令及び定款に適合することを確保するための体制その他株式会社の業務の適正を確保するために必要な事項を決定しなければならないが、その決定を執行役に委任することができる。

エ．指名委員会等設置会社は、監査等委員会を置いてはならない。

　　1．アイ　　2．アウ　　3．アエ　　4．イウ　　5．イエ　　6．ウエ

63 指名委員会等②

指名委員会等設置会社に関する次の記述のうち、正しいものの組合せとして最も適切な番号を一つ選びなさい。

ア．指名委員会等設置会社においては、大会社でなくても、監査委員会の職務の執行及び執行役の職務の執行が法令及び定款に適合することを確保するための体制等株式会社の業務並びに当該株式会社及びその子会社から成る企業集団の業務の適正を確保するために必要なものとして法務省令で定める体制の整備を取締役会が決定しなければならない。

イ．指名委員会等設置会社は、常勤の監査委員を置かなければならない。

ウ．指名委員会等設置会社の監査委員は、監査委員会が作成した監査報告に異なる意見を付記することができない。

エ．指名委員会等設置会社の監査委員は、執行役又は取締役の違法行為に対する差止請求権を有する。

1．アイ　　2．アウ　　3．アエ　　4．イウ　　5．イエ　　6．ウエ

64 監査等委員会設置会社

監査等委員会設置会社に関する次の記述のうち、正しいものの組合せとして最も適切な番号を一つ選びなさい。

ア．監査等委員である取締役の任期は、選任後2年以内に終了する事業年度のうち最終のものに関する定時株主総会の終結の時までであるが、定款の定めによって、その任期を短縮することができる。

イ．監査等委員会設置会社は監査役を置いてはならないが、会計監査人は置かなければならない。

ウ．監査等委員である取締役は、監査等委員以外の取締役とは異なり、株主総会の特別決議によらなければ解任されないが、解任の訴えの対象にはなる。

エ．監査等委員会設置会社では、定款の定めによっても、支店その他重要な組織の設置、変更及び廃止に係る決定を、取締役会の決議によって取締役に委任することができない。

1．アイ　　2．アウ　　3．アエ　　4．イウ　　5．イエ　　6．ウエ

65 取締役会

　公開会社における株主総会と取締役会の権限に関する次のア～エまでの記述の
うちには、正しいものが二つある。その記号の組合せの番号を一つ選びなさい。

ア．他の会社の事業の譲受けをなすには、株主総会の特別決議が必要とされ取締
　役会決議のみではなしえない。

イ．会社が資本金額減少をなすには、場合により株主総会決議または、取締役会
　決議でなしえる。

ウ．法定準備金の資本組入も、資本の欠損填補のための法定準備金の取崩しも原
　則として株主総会の決議を要する。

エ．新株発行は常に取締役会の決議でなしうる。

　1．アイ　　2．アウ　　3．アエ　　4．イウ　　5．イエ

66 代表取締役①

取締役会設置会社の代表取締役に関する次のア〜エまでの記述のうちには、正しいものが二つある。その記号の組合せの番号を一つ選びなさい。

ア．代表取締役の員数について明文の規定はなく、1名以上いればよい。

イ．代表取締役の選定・退職は必ず登記しなければならない。

ウ．代表取締役は、取締役会決議に基づいて解職された場合、当然に取締役の地位も失う。

エ．代表取締役は、会社の業務全般に関する包括的・不可制限的な代表権を有することから、その代表権を会社の内部規則で制限することはできない。

1．アイ　　2．アウ　　3．アエ　　4．イウ　　5．ウエ

67 代表取締役②

　会社法354条の規定に関する次のア〜エまでの記述のうちには、正しいものが二つある。その記号の組合せの番号を一つ選びなさい。

ア．「会社を代表する権限を有するものと認めるべき名称」の使用につき、取締役が勝手にこのような名称を使用している場合に、本条が適用されることは全くない。

イ．会社法354条にいう善意の第三者は、表見代表取締役が代表取締役でないことを知らない者のことであり、重過失ある第三者も善意の第三者に該当し、保護される。

ウ．代表取締役が登記されている場合、取締役のうちの一人が、「社長」という名称を使用していることを、会社が黙認していたならば、会社が責任を負う余地がある。

エ．代表取締役に通知しないで招集された取締役会にて、新たに代表取締役に選定された取締役が、代表取締役として行為をなした場合に、会社が責任を負う余地がある。

　1．アイ　　2．アウ　　3．アエ　　4．イウ　　5．ウエ

68 代表取締役③

　監査役設置会社における次のア～エまでの記述のうちには、正しいものが二つ
ある。その記号の組合せの番号を一つ選びなさい。

ア．代表取締役の解職に関する取締役会決議において、当該代表取締役は特別利
　　害関係人に該当し、議決権行使はできないと解するのが判例である。

イ．代表取締役以外の取締役は業務執行に関与しない。

ウ．代表取締役に選定される者は、その前提として、取締役の地位を有すること
　　が要求されない。

エ．代表取締役の代表権の制限を取締役会規則で定める会社において、代表取締
　　役がその制限を無視して会社代表行為をなしたとき、当該規則の存在と必要な
　　手続の欠缺につき悪意の第三者に対しては会社はその行為の効果帰属を否定で
　　きる。

1．アイ　　2．アウ　　3．アエ　　4．イウ　　5．イエ

69 監査役①

監査役の権限に関する次のア～エまでの記述のうちには、正しいものが二つある。その記号の組合せの番号を一つ選びなさい。

ア．監査役は会社の規模にかかわらず、業務監査権限と会計監査権限を有する。

イ．監査役は取締役の職務執行を監査するため、いつでも取締役に対し事業の報告を求めることができる。

ウ．監査役は取締役の違法行為を発見した場合、差止請求権を行使することができるが、これは権限であって、かつ義務である。

エ．監査役会設置会社では、監査役会が監査機関であり、個々の監査役は機関としての地位を有せず監査役会の構成員の地位しか有しない。

  1．アイ　　2．アウ　　3．イウ　　4．イエ　　5．ウエ

70 監査役②

監査役及び監査役会に関する次の記述のうち、正しいものの組合せとして最も適切な番号を一つ選びなさい。

ア．株式会社の監査役は、当該株式会社の子会社の社外監査役となることができる。

イ．監査役会の招集通知は、書面に限らずどのような方法で行ってもよい。

ウ．監査役は、監査役会の求めがあるときは、いつでもその職務の執行の状況を監査役会に報告しなければならない。

エ．定款で監査役会を招集する監査役を定めたときは、他の監査役は、監査役会を招集することができない。

1．アイ　　2．アウ　　3．アエ　　4．イウ　　5．イエ　　6．ウエ

71 執行役

　指名委員会等設置会社に関する次のア～エまでの記述のうちには、正しいものが二つある。その記号の組合せの番号を一つ選びなさい。

ア．監査委員以外の取締役が執行役を兼ねることは可能である。

イ．執行役の選任は、指名委員会によりなされる。

ウ．執行役は3人以上でなければならない。

エ．執行役の任期は、選任後1年以内に終了する事業年度のうち最終のものに関する定時総会が終結した後最初に開催される取締役会の終結の時までである。

　　1．アイ　　2．アウ　　3．アエ　　4．イウ　　5．イエ

72 機関全般

株式会社の役員等の報告義務に関する次のア〜エまでの記述のうちには、正しいものが二つある。その記号の組合せの番号を一つ選びなさい。

ア．監査役会設置会社において、監査役は、取締役が株主総会に提出しようとする議案、書類その他法務省令で定めるものを調査した場合において、法令若しくは定款に違反し、又は著しく不当な事項があると認めるときは、その調査の結果を株主総会に報告しなければならない。

イ．監査役会設置会社において、会計監査人は、その職務を行うに際して取締役の職務の執行に関し不正の行為又は法令若しくは定款に違反する重大な事実があることを発見したときは、遅滞なく、これを取締役会に報告しなければならない。

ウ．指名委員会等設置会社において、執行役は、指名委員会等設置会社に著しい損害を及ぼすおそれのある事実を発見したときは、直ちに、当該事実を監査委員に報告しなければならない。

エ．監査等委員会設置会社において、取締役は、株式会社に著しい損害を及ぼすおそれのある事実があることを発見したときは、直ちに、当該事実を取締役会に報告しなければならない。

1．アイ　　2．アウ　　3．アエ　　4．イウ　　5．イエ　　6．ウエ

第4章 資金調達

問題編

73 通常の新株発行①

　新株発行に関する次のア〜エまでの記述のうちには、正しいものが二つある。その記号の組合せの番号を一つ選びなさい。

ア．新株発行事項を決定する株主総会決議は普通決議事項である。

イ．新株発行事項の決定の決議は株主総会から取締役会に委任できる。

ウ．公開会社で株主に「特に有利な払込金額」で新株を発行する場合、取締役会決議事項となる。

エ．非公開会社において株主は常に当然に株式の割当てを受ける権利を有する。

　　1．アイ　　2．アウ　　3．アエ　　4．イウ　　5．ウエ

74 通常の新株発行②

新株発行に関する次のア～エまでの記述のうちには、正しいものが二つある。その記号の組合せの番号を一つ選びなさい。

ア．新株発行の際の現物出資に関して原則として裁判所選任の検査役の調査が必要である。

イ．新株発行の際の金銭債権の現物出資の場合、常に検査役調査が免除される。

ウ．新株払込みの期間が定められている場合、新株の効力は期間満了により生じる。

エ．新株引受人が出資の履行をしないときは、当該出資の履行をすることにより募集株式の株主となる権利を失う。

1．アイ　　2．アウ　　3．アエ　　4．イウ　　5．イエ

75 通常の新株発行③

公開会社における通常の新株発行に関する次のア～エまでの記述のうちには、正しいものが二つある。その記号の組合せの番号を一つ選びなさい。

ア．会社は、新株発行に際して新株発行に関する事項を公示することを要するが、金融商品取引法の規定する有価証券届出書を提出している等の場合には、その公示は必要ない。

イ．取締役と通じて著しく不公正な払込金額で新株を引き受けた者は、会社に対して公正な価額との差額を支払う義務を負い、株主は代表訴訟をもってその支払を求めることができる。

ウ．新株を引き受けた者は、新株発行による変更登記がなされた後に、詐欺又は強迫を理由としてその引受けを取り消すことはできない。

エ．新株は、払込期日までに払込み又は現物出資の給付のあったものについてのみその効力を生ずるが、取締役は引受担保責任を負う。

1．アイ　　2．アウ　　3．イウ　　4．イエ　　5．ウエ

76 通常の新株発行④

通常の新株発行に関する次のア～エまでの記述のうちには、正しいものが二つある。その記号の組合せの番号を一つ選びなさい。

ア．非公開会社で委任決議がなければ、新株発行事項の決定には株主総会の特別決議が必要である。

イ．公開会社では、株主以外の第三者に対し特に有利な払込金額で新株を発行するには、取締役会決議による。

ウ．現物出資をなすには、定款への記載又は記録は要求されず、取締役会決議があれば足りるが、原則として裁判所選任の検査役の調査が必要である。

エ．取締役と通謀なくして時価を下回る払込金額で株式を引き受けた新株引受人は、払込金額が著しく不公正であることは知っていたとしても、公正な価額との差額支払義務を負う。

1．アイ　　2．アウ　　3．イウ　　4．イエ　　5．ウエ

77 新株予約権・新株予約権付社債①

新株予約権及び新株予約権付社債に関する次の記述のうち、正しいものの組合せとして最も適切な番号を一つ選びなさい。

ア．譲渡による当該新株予約権の取得について当該株式会社の承認を要することとするときは、その旨を定款で定めなければならない。

イ．新株予約権付社債に付された社債が消滅したときは、新株予約権のみを譲渡することも、新株予約権のみに質権を設定することもできる。

ウ．証券発行新株予約権の新株予約権者は、当該証券発行新株予約権を行使しようとする場合には、新株予約権証券が発行されていないときを除き、当該証券発行新株予約権に係る新株予約権証券を株式会社に提出しなければならない。

エ．記名式の新株予約権証券が発行されている証券発行新株予約権の譲渡は、その新株予約権を取得した者の氏名又は名称及び住所を新株予約権原簿に記載し、又は記録しなければ、株式会社その他の第三者に対抗することができない。

　1．アイ　　2．アウ　　3．アエ　　4．イウ　　5．イエ　　6．ウエ

78 新株予約権・新株予約権付社債②

　新株発行及び新株予約権の発行に関する次のア～エまでの記述のうちには、正しいものが二つある。その記号の組合せの番号を一つ選びなさい。

ア．募集新株予約権の申込者は、募集新株予約権の払込金額の全額を払い込まなければ、株式会社の割り当てた募集新株予約権の新株予約権者とならない。

イ．公開会社は、募集株式の割当てにより募集株式の引受人となった者が有することとなる議決権の数が総株主の議決権の過半数を有することとなる場合には、原則として、株主に対して当該引受人に関する情報を開示しなければならない。

ウ．新株予約権の行使に際して、金銭の払込みを仮装した場合、新株予約権者は仮装した金銭の全額を支払う義務を負う。

エ．新株予約権の発行が存在しない場合には、株式の発行が存在しない場合とは異なり、新株予約権の発行が存在しないことの確認の訴えを提起することができない。

　1．アイ　　2．アウ　　3．アエ　　4．イウ　　5．イエ　　6．ウエ

第5章 社債・計算・定款変更

79 社債の発行

　社債に関する次のア～エまでの記述のうちには、正しいものが二つある。その記号の組合せの番号を一つ選びなさい。

ア．社債は合名会社では発行できない。

イ．社債を募集する会社は、原則として社債管理者を設置しなければならない。

ウ．社債の発行は、原則として取締役会決議のみで決定できる。

エ．社債権者集会の決議は、原則として特別決議とし、出席した議決権者の議決権の総額の3分の2を超える議決権を有する者の同意による。

　1．アイ　　2．アウ　　3．アエ　　4．イウ　　5．ウエ

80 社債権者集会

　社債権者集会に関する次の記述のうち、正しいものの組合せとして最も適切な番号を一つ選びなさい。

ア．社債権者集会は、招集通知に記載又は記録された社債権者集会の目的である事項以外の事項については、決議をすることができない。

イ．社債権者は、その有する議決権を統一しないで行使することができ、その旨及びその理由の招集者に対する通知は不要である。

ウ．社債発行会社は、社債権者集会の日から10年間、社債権者集会の議事録をその本店に、５年間、その写しを支店に備え置かなければならない。

エ．社債権者集会の目的である事項についてなされた提案につき議決権者の全員が書面又は電磁的記録により同意の意思表示をしたときは、当該提案を可決する旨の社債権者集会の決議があったものとみなすことができ、この場合には、裁判所の認可を受けなくても、その効力を生じる。

　1．アイ　　2．アウ　　3．アエ　　4．イウ　　5．イエ　　6．ウエ

81 資本・準備金

　取締役会設置会社の資本金・法定準備金に関する次のア～エまでの記述のうちには、正しいものが二つある。その記号の組合せの番号を一つ選びなさい。

ア．剰余金の準備金組入れが認められる。

イ．資本準備金と利益準備金の積立限度額はない。

ウ．法定準備金減少と新株発行を同時になす場合、取締役会決議による場合もある。

エ．会社は取締役会決議に基づき、準備金の全部又は一部を資本金に組み入れることができる。

　　1．アイ　　2．アウ　　3．アエ　　4．イウ　　5．イエ

82 剰余金配当

　株式会社の剰余金配当に関する次のア〜エまでの記述のうちには、正しいものが二つある。その記号の組合せの番号を一つ選びなさい。

ア．会社法461条に違反する剰余金配当において、会社債権者は直接株主に対し配当金の返還を請求することができるが、それは461条違反の剰余金配当であることにつき悪意の株主に限られない。

イ．指名委員会等設置会社以外の株式会社において、剰余金配当の額は、定款の授権があっても、取締役会の決議で決定できない。

ウ．中間配当をなしうるのは、取締役会設置会社に限られる。

エ．剰余金配当は、年に1回しかできない。

　　1．アイ　　　2．アウ　　　3．イウ　　　4．イエ　　　5．ウエ

83 資本金額減少

　株式会社に関する次のア～エまでの記述のうちには、正しいものが二つある。その記号の組合せの番号を一つ選びなさい。

ア．資本金額の減少をなすには、株主総会の特別決議を経なければならないとは限らない。

イ．資本金額の減少の目的に関しては、特に制約はない。

ウ．減少する資本金の額は、効力発生日の資本金額を超えることができる。

エ．資本金額の減少の無効は訴えによってのみ主張できるが、資本金額の減少を承認しない債権者にも無効主張が認められていない。

　1．アイ　　2．アウ　　3．イウ　　4．イエ　　5．ウエ

84 定款変更

　定款変更に関する次のア〜エまでの記述のうちには、正しいものが二つある。その記号の組合せの番号を一つ選びなさい。

ア．公開会社では、定款変更による発行可能株式総数の増加は、発行済株式総数の４倍を超えてはできない。

イ．定款変更のためには、原則として議決権を行使することができる株主の議決権の過半数に当たる株式を有する株主が出席し、その議決権の３分の２以上に当たる多数の賛成が必要である。

ウ．数種の株式を発行している場合、定款変更をする場合は常に、株主総会決議のほかに種類株主総会の決議も必要である。

エ．取締役会決議により、定款変更ができる場合はない。

　1．アイ　　2．アウ　　3．アエ　　4．イウ　　5．ウエ

第 **6** 章 事業譲渡と組織再編

85 企業結合

　株式会社間の合併・事業譲渡に関する次のア〜エまでの記述のうちには、正しいものが二つある。その記号の組合せの番号を一つ選びなさい。

ア．事業の全部譲渡・合併をなすには、原則として株主総会の特別決議が必要である。

イ．事業の全部譲渡・合併をなすには債権者保護手続が必要である。

ウ．事業の全部譲渡・合併に反対する株主に株式買取請求権が原則として認められている。

エ．事業の全部譲渡・合併によって会社は解散する。

　1．アイ　　2．アウ　　3．イウ　　4．イエ　　5．ウエ

86 会社の合併①

　対価の別段の定めのない株式会社の合併に関する次のア～エまでの記述のうちには、正しいものが二つある。その記号の組合せの番号を一つ選びなさい。

ア．吸収合併において、消滅会社は清算手続を経て消滅する。

イ．消滅会社の株主は、合併比率に応じて存続会社（設立会社）の株式を割り当てられ、存続会社（設立会社）の株主となる。

ウ．新設合併に際して、当事会社の事業の一部を除外して合併契約を締結することは許されず、当事会社のすべての権利義務が設立会社に包括的に移転する。

エ．吸収合併の効力が生ずるのは、変更登記の日である。

　1．アイ　　2．アウ　　3．アエ　　4．イウ　　5．イエ

87 会社の合併②

　会社の合併に関する次のア～エまでの記述のうちには、正しいものが二つある。その記号の組合せの番号を一つ選びなさい。

ア．吸収合併をなすのに、存続会社・消滅会社において株主総会特別決議による承認を必要としない場合もある。

イ．合名会社が合併をなすには社員の過半数の同意が必要とされるが、社員が無限責任を負うことから、会社債権者保護手続は特に必要とされない。

ウ．吸収合併における存続会社の資本金の増加額に関しては特別の定めがある。

エ．株式会社において、合併無効の訴えは、株主・取締役・監査役に限り提訴できる。

　　1．アイ　　2．アウ　　3．アエ　　4．イウ　　5．イエ

88 会社の合併③

　株式会社間の合併に関する次のア～エまでの事項のうちには、例外として手続省略が認められないものが二つある。その記号の組合せの番号を一つ選びなさい。

ア．事前開示

イ．株主総会承認決議

ウ．事後開示

エ．株主への通知

　1．アイ　　2．アウ　　3．イウ　　4．イエ　　5．ウエ

89 株式交換・株式移転・株式交付

　株式交換、株式移転、株式交付に関する次の記述のうち、正しいものの組合せとして最も適切な番号を一つ選びなさい。

ア．株式交換、株式移転は、いずれも完全親子会社関係を創設するための制度であるが、株式交付は、単なる親子会社関係を創設するための制度である。

イ．株式交換、株式移転、株式交付のいずれにおいても、親会社になることができるのは株式会社のみである。

ウ．株式交換をする場合の株式交換契約、株式移転をする場合の株式移転計画、株式交付をする場合の株式交付計画は、いずれの場合も原則として既存の会社の株主総会特別決議で承認することを要する。

エ．株式交換、株式移転、株式交付のいずれにおいても、原則として債権者異議手続は不要である。

　1．アイ　　2．アウ　　3．アエ　　4．イウ　　5．イエ　　6．ウエ

90 会社分割

　吸収分割に際しての債権者保護に関する次のア～エまでの記述のうちには、正しいものが二つある。その記号の組合せの番号を一つ選びなさい。

ア．吸収分割会社が吸収分割承継株式会社に承継されない債務の債権者（以下、「残存債権者」という。）を害することを知って吸収分割をした場合には、吸収分割承継株式会社が残存債権者を害すべき事実を知らなかったとしても、残存債権者は、吸収分割承継株式会社に対して、承継した財産の価額を限度として、当該債務の履行を請求することができる。

イ．吸収分割後に吸収分割株式会社に対して債務の履行を請求できる債権者は、原則として、当該吸収分割に対して異議を述べることができない。

ウ．吸収分割株式会社の不法行為債権者が吸収分割に異議を述べることができる場合において、吸収分割株式会社は官報に加えて定款所定の日刊新聞紙による公告又は電子公告を行うことによって当該不法行為債権者に対する各別の催告を省略することができる。

エ．吸収分割株式会社が吸収分割承継株式会社の株式を株主に分配する場合には、吸収分割株式会社の債権者は当該吸収分割に対して異議を述べることができる。

　1．アイ　　2．アウ　　3．アエ　　4．イウ　　5．イエ　　6．ウエ

第7章 持分会社等

91 各種会社①

会社法上の各種会社に関する次のア〜エまでの記述のうちには、正しいものが二つある。その記号の組合せの番号を一つ選びなさい。

ア．定款で合名会社のある社員の責任を有限としたり、免除することができる。

イ．合名会社の社員の責任は、会社債務が生ずれば当然に負担しなければならないものではなく、会社財産をもって完済できない場合等の二次的、補充的な責任である。

ウ．合同会社の社員の責任は直接無限責任である。

エ．株式会社の社員は、会社に対し引受けた株式につき払込金額の出資の履行義務を負うが、これは株式引受人としての責任であり、株主となった後は会社に対して原則として何も責任を負わない。

　1．アイ　　2．アウ　　3．イウ　　4．イエ　　5．ウエ

92 各種会社②

　会社法上の各種会社に関する次のア～エまでの記述のうちには、正しいものが二つある。その記号の組合せの番号を一つ選びなさい。

ア．持分会社では、業務執行社員以外も競業避止義務を負う。

イ．株式会社の株主に対し、会社への追加出資義務を課すことは株主総会の決議をもってしてもできない。

ウ．合同会社の社員が、その投下資本を回収するため出資の払戻しを受けることは原則として認められない。

エ．合名会社の社員が持分を他の社員に譲渡する場合には、総社員の同意は必要とされない。

　1．アイ　　2．アウ　　3．アエ　　4．イウ　　5．イエ

93 各種会社③

　持分会社に関する次の記述のうち、正しいものの組合せとして最も適切な番号を一つ選びなさい。

ア．株式会社は合名会社の業務を執行する社員となることができる。

イ．持分会社の業務を執行する社員は、定款に別段の定めがある場合を除き、当該社員以外の社員の過半数の承認を受けなければ、当該持分会社の事業と同種の事業を目的とする株式会社の取締役となることはできない。

ウ．持分会社の業務執行社員は、定款に別段の定めがある場合を除き、当該社員以外の社員の全員の承認を受けなければ、自己又は第三者のために当該持分会社と取引をすることはできない。

エ．定款によっても、事業年度の終了時又は重要な事由があるときに、持分会社の業務及び財産の状況を、業務執行社員でない社員が調査することを制限する旨を定めることができない。

　　1．アイ　　2．アウ　　3．アエ　　4．イウ　　5．イエ　　6．ウエ

94 各種会社④

　会社法上の各種会社に関する次のア～エまでの記述のうちには、正しいものが二つある。その記号の組合せの番号を一つ選びなさい。

ア．合資会社の無限責任社員は、他の無限責任社員の同意があれば有限責任社員の同意なくして持分を譲渡しうる。

イ．合名会社を退社した社員は、退社登記以前に生じた会社債務について弁済責任を課されることはない。

ウ．合資会社の有限責任社員は、当然には競業避止義務を負わない。

エ．合同会社の業務を執行する社員が、非社員に対し持分を譲渡するには、他の社員全員の同意が必要である。

　1．アイ　　2．アウ　　3．イウ　　4．イエ　　5．ウエ

95 各種会社⑤

　会社法上の各種会社に関する次のア〜エまでの記述のうちには正しいものが二つある。その記号の組合せの番号を一つ選びなさい。

ア．株式会社は、合名会社や合資会社の無限責任社員にはなれないし、合名会社や合資会社のように無限責任社員を有する会社は、株式会社の株主になることもできない。

イ．合同会社の社員は、定款を変更して出資の価額を減少する場合を除き、既に出資として払込み又は給付をした金銭等の払戻しを請求することができない。

ウ．合資会社と匿名組合は、ともに法人格を有する共同企業であり、合資会社の業務を執行しない有限責任社員は合資会社に対し監視権を有し、匿名組合員も匿名組合の営業者の営業に対し監視権を有する。

エ．有限責任社員になろうとする者の出資義務について、合同会社については設立の登記をする時までに全部の履行が必要とされるが、合資会社については、設立の登記をする時までに全部の履行は会社法上は要求されていない。

　　1．アイ　　2．アエ　　3．イウ　　4．イエ　　5．ウエ

96 各種会社⑥

　会社法上の各種会社に関する次のア～エまでの記述のうちには、正しいものが二つある。その記号の組合せの番号を一つ選びなさい。

ア．合名会社の設立時の社員は定款で確定するが、株式会社の株主は定款で確定しない。

イ．合名会社の場合、その設立手続は、社員となろうとする者が行うが、合同会社の場合は発起人が行う。

ウ．株式会社においては、会社成立時の取締役は定款上で確定される。

エ．株式会社でも合同会社でも、資本金額は定款記載・記録事項ではない。

　1．アイ　　2．アウ　　3．アエ　　4．イウ　　5．ウエ

97 各種会社⑦

　持分会社に関する次の記述のうち、正しいものの組合せとして最も適切な番号を一つ選びなさい。なお、定款に別段の定めはないものとする。

ア．合名会社において、業務執行社員の定めがあっても、支配人の選任は、社員の過半数により決定する。

イ．合資会社において、業務を執行しない有限責任社員が持分を譲渡する場合、その承認は、業務執行社員全員の承諾があれば足りる。

ウ．合同会社が分割会社として行う吸収分割には、常に総社員の同意が必要である。

エ．合同会社が完全親会社となる株式交換には、常に合同会社の総社員の同意が必要である。

　　1．アイ　　2．アウ　　3．アエ　　4．イウ　　5．イエ　　6．ウエ

98 合同会社①

合同会社に関する次のア〜エまでの記述のうちには、正しいものが二つある。その記号の組合せの番号を一つ選びなさい。

ア．合同会社の社員となろうとする者の登記、登録その他の権利の設定又は移転を第三者に対抗するために必要な行為は、合同会社の成立後にすることとなる。

イ．合同会社は300万円からの出資が必要である。

ウ．合同会社は、有限責任社員のみからなる会社である。

エ．合同会社は、その本店の所在地において設立の登記をすることによって成立する。

　1．アイ　　2．アウ　　3．アエ　　4．イウ　　5．ウエ

99 合同会社②

　合同会社に関する次のア～エまでの記述のうちには、正しいものが二つある。その記号の組合せの番号を一つ選びなさい。

ア．合同会社では、定款で特に業務執行社員・代表社員を定めることができない。

イ．合同会社の業務を執行しない社員は、業務を執行する社員全員の承諾があるときは、その持分の全部又は一部を他人に譲渡することができる。

ウ．合同会社の社員がその責任の限度を誤認させる行為をしたときは、その社員は、その誤認に基づいて合同会社と取引した者に対し、その誤認させた責任の範囲内で合同会社の債務を弁済する責任を負う。

エ．合同会社の社員は利益額を超えて配当がなされた場合、会社債権者に対して計算上出資の未履行となる金額につき直接責任を負う。

　1．アイ　　　2．アウ　　　3．アエ　　　4．イウ　　　5．イエ

100 特例有限会社

特例有限会社に関する次の記述のうち、正しいものの組合せとして最も適切な番号を一つ選びなさい。

ア．特例有限会社では、定款の定めによって、取締役会を置くことができる。

イ．特例有限会社では、剰余金の配当に関して内容の異なる2以上の種類の株式を発行することができる。

ウ．特例有限会社では、社債を発行することができる。

エ．特例有限会社は、定時株主総会の終結後遅滞なく、貸借対照表を公告しなければならない。

　1．アイ　　2．アウ　　3．アエ　　4．イウ　　5．イエ　　6．ウエ

101 外国会社

外国会社に関する次の記述のうち、正しいものの組合せとして最も適切な番号を一つ選びなさい。

ア．外国会社がその事業としてする行為及びその事業のためにする行為は、商行為である。

イ．外国会社は、日本において取引を継続してしようとするときは、日本に営業所を設ける必要がある。

ウ．外国会社の日本における代表者は、当該外国会社の日本における業務に関する一切の裁判外の行為をする権限を有するが、裁判上の行為をする権限を有しない。

エ．日本に本店を置き、又は日本において事業を行うことを主たる目的とする外国会社は、日本において取引を継続してすることができない。

1．アイ　　2．アウ　　3．アエ　　4．イウ　　5．イエ　　6．ウエ

102 匿名組合

匿名組合に関する次のア～エまでの記述のうちには、正しいものが二つある。その記号の組合せの番号を一つ選びなさい。

ア．匿名組合員の出資はすべて営業者の財産に帰属し、匿名組合員は、その財産につき持分は有しない。

イ．匿名組合員も営業者も常に商人でなければならない。

ウ．営業者の財産をもって営業上の債務を完済できない場合には、匿名組合員は債権者に対し弁済責任を負う。

エ．匿名組合員は、営業者の営業に関与できず、営業者の業務財産状況に関する監視権を有するのみである。

1．アイ　　2．アウ　　3．アエ　　4．イウ　　5．イエ

第 3 部

金融商品取引法

103 発行市場①

発行開示に関する次のア～エまでの記述のうちには、正しいものが二つある。その記号の組合せの番号を一つ選びなさい。

ア．すでに開示が行われている有価証券を売り出す場合、内閣総理大臣に売出しに関する有価証券届出書を提出する必要はない。

イ．適格機関投資家に有価証券を取得させ、又は売り付ける場合において、目論見書の交付を受けないことについて、当該適格機関投資家の同意がない場合、当該目論見書を交付しなければならない。

ウ．会社が発行しようとしている有価証券と同一銘柄を所有する者に対しては、目論見書の交付を受けないことについて、その者の同意がない場合であっても、当該目論見書を交付する必要はない。

エ．発行登録に係る有価証券の発行予定期間満了前に発行予定額全額の発行が終了したとき、発行登録者は、発行登録取下届出書を内閣総理大臣に提出して、発行登録を取り下げなければならない。

　1．アイ　　　2．アウ　　　3．アエ　　　4．イウ　　　5．イエ　　　6．ウエ

104 発行市場②

　有価証券届出書及び目論見書に関する次の記述のうち、正しいものの組合せとして最も適切な番号を一つ選びなさい。

ア．有価証券届出書における組込方式・参照方式により簡略化が認められるのは、企業情報のみであり、証券情報については認められない。

イ．有価証券届出書を提出した後に、届出書類に記載すべき重要な事項の変更が生じた場合には、有価証券報告書の場合と同様、訂正届出書の提出が必要になる。

ウ．届出の効力発生前に行う有価証券の募集又は売出しの勧誘のために、届出目論見書を用いることができる。

エ．その有価証券に関して開示が行われている場合における当該有価証券の売出しの場合、有価証券届出書の提出は必要ないが、原則として、目論見書の交付は必要となる。

　1．アイ　　2．アウ　　3．アエ　　4．イウ　　5．イエ　　6．ウエ

105 発行市場③

　発行市場に関する次のア～エまでの記述のうちには、正しいものが二つある。その記号の組合せの番号を一つ選びなさい。

ア．発行登録制度と参照方式の利用適格要件は同じである。

イ．発行登録追補書類は企業情報の記載のある書類である。

ウ．発行登録による有価証券の発行予定期間は、発行登録の効力が生じた日から１年以内である。

エ．発行登録書の訂正のため、自発的訂正発行登録書を提出することが認められている。

　1．アイ　　2．アウ　　3．アエ　　4．イウ　　5．イエ

106 流通市場①

金融商品取引法上の有価証券報告書に関する次のア～エまでの記述のうちには、正しいものが二つある。その記号の組合せの番号を一つ選びなさい。

ア．発行会社が、有価証券報告書に発行会社の事業上の秘密事項が公衆の閲覧に供されると会社の事業に大きな影響を及ぼすと判断すれば、当該事業上の秘密事項を削除して内閣総理大臣に提出できる。

イ．有価証券報告書の公衆縦覧期間は、関東財務局及び提出会社の本店又は主たる事務所の所在地を管轄する財務（支）局に有価証券報告書及びその添付書類が備え置かれてから5年間である。

ウ．有価証券報告書は、内国会社にあっては、資本金5億円以上の上場会社の場合は関東財務局長に提出する。

エ．有価証券報告書における企業情報の記載内容は、有価証券届出書における企業情報と同一である。

　1．アイ　　2．アウ　　3．アエ　　4．イウ　　5．イエ　　6．ウエ

107 流通市場②

　流通市場に関する次のア〜エまでの記述のうちには、正しいものが二つある。
その記号の組合せの番号を一つ選びなさい。

ア．内閣総理大臣は、内部統制報告書及びその添付書類並びにこれらの訂正報告
　　書を公衆の縦覧に供しなければならない。

イ．有価証券の募集又は売出しを行ったすべての会社は、内部統制報告書を提出
　　しなければならない。

ウ．四半期報告書を内閣総理大臣に提出する会社は、これと併せて確認書を提出
　　しなければならない。

エ．有価証券届出書又は有価証券報告書提出後、記載すべき重要な事項の変更が
　　あった場合、両方とも自発的訂正届出書又は自発的訂正報告書を提出しなけれ
　　ばならない。

　1．アイ　　2．アウ　　3．イウ　　4．イエ　　5．ウエ

108 公開買付け

公開買付けに関する次のア～エまでの記述のうちには、正しいものが二つある。
その記号の組合せの番号を一つ選びなさい。

ア．公開買付けの期間は開始公告を行った日から20営業日以上60営業日以内である。

イ．公開買付けの買付価格は均一でなければならない。

ウ．公開買付けの応募株主には買付期間中の契約解除権が認められていない。

エ．公開買付届出書等の公衆縦覧期間は１年である。

  1．アイ   2．アウ   3．イウ   4．イエ   5．ウエ

109 大量保有開示

大量保有開示に関する次のア〜エまでの記述のうちには、正しいものが二つある。その記号の組合せの番号を一つ選びなさい。

ア．大量保有者として大量保有報告書の提出義務を負うのは、株式等の保有割合が5％を超えた株式保有者である。

イ．大量保有者の保有割合が、株式の処分や取得によって1％以上増減しても、変更報告書の提出は必要ない。

ウ．60日間に最高時の株券等保有割合の5％超が減少し、かつ株券等の保有割合が2分の1未満となるような大量の譲渡をした場合には、原則として譲渡の相手方及びその対価を変更報告書に記載しなければならない。

エ．大量報告書の開示要件は、機関投資家の場合でも緩和されていない。

1．アイ　　2．アウ　　3．イウ　　4．イエ　　5．ウエ

110 民事責任、刑事責任、課徴金

金融商品取引法上の民事責任に関する次の記述のうち、正しいものの組合せとして最も適切な番号を一つ選びなさい。

ア．有価証券届出書のうちに、重要な事項について虚偽の記載があった場合、当該有価証券届出書の届出者は、当該虚偽記載につき故意又は過失がなかったことを証明したときは、当該有価証券を募集に応じて取得した者に対して、損害賠償責任を負わない。

イ．有価証券届出書のうちに、重要な事項について虚偽の記載があった場合、当該有価証券の売出しに係る有価証券の所有者は、当該有価証券を売出しに応じて取得した者に対し、虚偽記載により生じた損害を賠償する責任を負うことはない。

ウ．臨時報告書のうちに、重要な事項について虚偽の記載があった場合、当該臨時報告書の提出者は、当該臨時報告書が公衆の縦覧に供されている間に、当該臨時報告書の提出者が発行者である有価証券を募集又は売出しによらないで取得した者に対して、法定の限度内の損害賠償責任を負うが、当該有価証券を取得した者が、その取得の際に虚偽記載を知っていたときは、当該責任を負わない。

エ．目論見書のうちに、重要な事項についての虚偽の記載があった場合において、当該目論見書を作成した発行者が、当該募集に応じ当該目論見書の交付を受けて有価証券を取得した者に対して負担する責任については、賠償責任額の限度が法定されている。

　　1．アイ　　2．アウ　　3．アエ　　4．イウ　　5．イエ　　6．ウエ

解答・解説編

第1部

商 法

1 商人・商行為①

《解答》 4

《解説》

ア．誤り。

　投機売却及びその実行行為は絶対的商行為であるが、その目的物は動産又は有価証券に限られ、不動産を含まない（501条2号）。

イ．正しい。

　建物の建築の請負は、502条5号の「作業の請負」にあたるから、営業的商行為であり、それを業とする者は商人である（4条1項）。

ウ．正しい。

　結婚の媒介の引受は、502条11号の「仲立ちに関する行為」にあたるから、営業的商行為であり、それを業とする者は商人である（4条1項）。

エ．誤り。

　専ら賃金を得ることを目的として物の製造または労務に服する者の行為は、生計を営む手段にすぎず、企業性を欠くため、営業的商行為から除外される（502条ただし書）。したがって、その行為を業とする者は商人ではないから、小商人でもない。

　以上により、正しいものは、イとウである。

2 商人・商行為②

《解答》 5

《解説》

ア．誤り。

　転売し利益を得る目的でマンションを購入した行為は、投機購買（501条1号）に該当する。そのまま別荘として使用していてもその結論は変わらない。

イ．誤り。

　商法502条8号の『銀行取引』というためには、不特定多数の者から金銭又

は有価証券を取得する行為（受信行為）とそれを貸付ける行為（与信行為）の双方が必要と解されている（判例・多数説）。自己資金のみで金銭を貸付ける金融業者の行為は銀行取引には該当しない（判例）。

ウ．正しい。

　商法502条1号の投機貸借に該当するためには、目的物を、利益を得て賃貸する意思で取得あるいは賃借しなければならない。そのようにして取得・賃借したものを賃貸する行為がその実行行為に該当する。

エ．正しい。

　商法501条1号の投機購買には、利益を得て譲渡する意思をもって目的物の取得をしなければならない。Xの取得には投機意思を欠いている。

　以上により、正しいものは、ウとエである。

3　商業使用人

《解答》　6

《解説》

ア．誤り。

　商人が商行為を委任するために支配人を選任したときは、当該支配人の代理権は、当該商人の死亡によって消滅しない（商法506条）。商行為の委任による代理権は、本人の死亡によっては、消滅しない。

イ．誤り。

　商人は、支配人の代理権に制限を加えても、その制限を善意の第三者に対抗することができない（商法21条3項。なお、会社法11条3項）。支配権、代表権とも本人である商人、会社は制限できるが、支配権、代表権が制限されていることを知らない第三者には対抗できない（商法21条3項、会社法11条3項、349条5項、420条3項、599条5項）。

ウ．正しい。

　支配人が、営業主である商人の許可を得ずに自己のために商人の営業の部類に属する取引をなした場合、当該営業によって当該支配人が得た利益の額は、

当該商人に生じた損害の額と推定される（商法23条2項）。会社の事業の部類に属する取引について競業避止義務が課されている者が会社の許可（承認）を得ずに当該取引をなした場合には、同様の推定規定が定められている（会社法12条2項、423条2項、594条2項、清算人について486条2項）。

エ．正しい。

　ある商人により選任された支配人は、当該商人のために他の支配人を選任することができない（商法21条2項の反対解釈）。

　以上により、正しいものは、ウとエである。

4　商業登記

《解答》　5

《解説》

ア．誤り。

　登記事項たる事実につき未登記であった場合、第三者の側からその事実を主張することはできる。

イ．誤り。

　登記事項に関する当事者間においては、事実にしたがって主張できる。

ウ．正しい。

　9条1項、会社法908条1項の積極的公示力の例外として、正当事由が存在した場合がある。この正当事由とは、登記を知ろうとしても知りえない客観的障害が存在する場合をいうと解されている。選択肢の場合には、営業主は第三者に対し支配人解任の事実を主張することができない。

エ．正しい。

　9条2項、会社法908条2項でいう第三者は、過失の有無を問わないと解されている。

　以上により、正しいものは、ウとエである。

5 商 号

《解答》 5

《解説》

ア．誤り。

　商号自由主義（11条）のもと、営業と商号との一致は要求されていない。したがって八百屋が鮮魚店という商号をつけることも、理論上は可能である。

イ．誤り。

　商号は営業とともに譲渡する場合又は営業を廃止する場合に限って譲渡できる（15条1項）。

ウ．正しい。

　個人商人が一個の営業を営む場合には、商号も一つでなければならない。これに対して個人商人が数個の独立した営業を営む場合は、それぞれ別個の商号を使用することができる。

エ．正しい。

　商法12条で商号の使用差止を請求しうる場合、その使用差止の目的の達成のためには登記の抹消請求もなしうると解されている（判例）。

　以上により、正しいものは、ウとエである。

6 営業譲渡

《解答》 4

《解説》

ア．誤り。

　営業譲渡契約における競業避止義務に関する特約の制限については、選択肢のとおりであるが、その制限を超える特約はその制限の範囲内で効力を有するにすぎず（16条2項、会21条2項）、営業譲渡契約自体が無効となるのではない。

イ．正しい。

商号の譲渡は、営業譲渡に伴う場合のほか、営業を廃止する場合にも認められる（15条1項）。

ウ．誤り。

前段は、17条1項、会22条1項により正しいが、2年の除斥期間によって消滅するのは譲渡人の責任である（17条3項、会22条3項）。

エ．正しい。

17条4項、会22条4項。

以上により、正しいものは、イとエである。

7 商行為法通則①

《解答》　1

《解説》

ア．正しい。

会社は商人であるから、A社B社間で商事留置権が成立し得る（521条）。521条の商事留置権においては、個別的牽連性は不要であるから、B社は甲車の修理代の支払を受けるまで、乙車の引渡しを拒否することができる。

イ．正しい。

B社は、媒介代理商である。代理商の留置権においては、留置権の目的物は債務者以外の所有物でも認められる（会社法20条、商法31条）。したがって、B社は、A社から預かっていたC社に売却済みの金属（A社のためにB社が占有するC社の所有物）を留置できる。

ウ．誤り。

留置することはできない。B社は、運送人である。運送人の留置権においては、債権と留置権の目的との間で個別的牽連性が要求される（574条）。したがって、B社は、甲車についての運送料の支払を受けるまで、乙車を留置することはできない。

エ．誤り。

排除することができる。留置権は、当事者の意思にかかわらず法律上当然に

成立する法定担保物権であり、前半は正しい。しかし、521条ただし書は、「当事者に別段の意思表示があるときはこの限りでない」と規定しているので、商人間の留置権は特約によって排除できる。したがって、後半は誤り。

以上により、正しいものは、アとイである。

8 商行為法通則②

《解答》　3

《解説》

ア．正しい。

数人の者がその一人のために商行為となる行為によって債務を負担したときは、その債務は、特約がなくても、各自が連帯して負担する（商法511条1項）。なお、その行為は債務者にとって商行為である必要があり、債権者にとってのみ商行為である場合には本条は適用されない。

イ．誤り。

商行為によって生じた債務の履行をすべき場所が、その行為の性質又は当事者の意思表示によって定まらないときは、特定物の引渡しは、その行為の時にその物が存在した場所においてしなければならない（商法516条）。

ウ．誤り。

交互計算において、当事者が相殺をすべき期間を定めなかったときは、その期間は、6箇月とする（商法531条）。

エ．正しい。

匿名組合契約は、営業者の死亡によって終了するが、匿名組合員の死亡によっては終了しない（商法541条2号参照）。

以上により、正しいものは、アとエである。

9 交互計算

《解答》　5

《解説》

ア．誤り。

　529条。商人と非商人との間の契約でもよい。

イ．誤り。

　一括相殺の趣旨からみて、①金銭債権以外の債権、②第三者から譲受けた債権や事務管理・不当利得、不法行為による債権など、③その性質上即時にあるいは現実に履行されるべき債権や、証券による特殊な権利行使を必要とする手形その他の有価証券上の債権は除外される。

ウ．正しい。

　530条の例外が認められている。

エ．正しい。

　532条本文により、異議を述べることができなくなる。

　以上により、正しいものは、ウとエである。

10 仲介業①

《解答》　5

《解説》

ア．誤り。

　代理商の留置権は民事留置権（民295条）とは異なり、被担保債権と留置物との間の個別的関連性を必要としない。また商人間の留置権（521条）と異なり、留置の目的物が債務者所有の物（又は有価証券）という要件は不要である（31条参照）。

イ．誤り。

　代理商契約は委任ないし準委任契約であるから本来委任の一般的終了原因により終了するはずである。しかし法は代理商契約が継続的契約関係であり、特に信用を重視すべきことを考慮して、以下の特則を置く。契約期間を定めていないときは各当事者は2箇月前に予告して、契約を解除することができる（30条1項）。契約期間の定めの有無にかかわらず、やむことを得ない事由のある

ときは、各当事者は予告期間をおかず契約を解除することができる（同2項）。
したがって、契約期間の定めがある場合に、やむことを得ない事由なくしてい
つでも解除できるわけではない。

ウ．正しい。

550条1項。

エ．正しい。

553条。

以上により、正しいものは、ウとエである。

11 仲介業②

《解答》　5

《解説》

ア．誤り。

552条1項。

イ．誤り。

552条2項は、問屋・委託者間では代理に関する規定を準用する旨定める。
この規定の意味は、問屋・委託者間は本来代理関係にはないとしても、物品の
売買がもっぱら委託者の計算でなされるという経済的実質を考慮して、物品の
売買の効果が当然に委託者に帰属する趣旨を示したものであると解するのが、
判例・通説である。よって問屋が買い入れた物品の所有権は、問屋・委託者間
では当然に委託者に帰属すると解されている。

ウ．正しい。

取次契約の性質上、委託者と相手方間に直接の法律関係は発生しない。よっ
て相手方の債務不履行に対し委託者は直接損害賠償責任を追及することはでき
ない。

エ．正しい。

555条。介入権は形成権であるから、問屋の一方的意思表示によって行使さ
れる。

以上により、正しいものは、ウとエである。

12 運送・倉庫・場屋営業①

《解答》　5

《解説》

ア．誤り。

　荷送人は、運送人から請求があったときは、送り状を交付しなければならない（商法571条1項）。

イ．正しい。

　商法590条。

ウ．誤り。

　運送人とは、陸上、海上又は航空における物品又は旅客の運送の引受けをすることを業とする者をいう（商法569条）。本記述の定義は、運送取扱人についてのものである（559条1項）。

エ．正しい。

　商法610条。

　以上により、正しいものは、イとエである。

13 運送・倉庫・場屋営業②

《解答》　1

《解説》

ア．正しい。

　商法581条1項。

イ．正しい。

　運送品を受け取った荷受人は、運送人に対し運送賃の支払義務を負う（商法581条3項）。

ウ．誤り。

倉荷証券は、記名式の場合であっても、裏書譲渡できる（商法606条）。

エ．誤り。

　　場屋営業者は、客から寄託を受けた物品の保管に関して不可抗力を証明した場合には、当該物品の滅失又は損傷について、損害賠償責任を免れる（商法596条1項参照）。

第2部
会社法

第 1 章
設 立

解答・解説編

14 会社の概念

《解答》　1

《解説》

ア．正しい。

　商人概念でいう営利性と会社概念でいう営利性は選択肢のように解されている。

イ．正しい。

　641条。

ウ．誤り。

　会社が他の会社の無限責任社員となることは、禁じられていない（576条1項4号参照）。

エ．誤り。

　法人格否認の法理は、その会社の存在を全面的に否定するものではなく、その法人としての存在を認めつつ、特定の事案の妥当な解決のために必要な範囲内において、一時的・相対的に、法人格の機能を否定して、会社とその背後者（背後の社員・株主）を同一視する法理である。

　以上により、正しいものは、アとイである。

15 株式会社の設立

《解答》　1

《解説》

ア．正しい。

  26条1項、575条。

イ．正しい。

  576条。

ウ．誤り。

  合名会社においては、各社員は原則として業務執行権・代表権を有するから合名会社の場合は定款で機関が確定する（590条1項、599条1項）。

エ．誤り。

  株式会社の場合は金銭出資（34条）と現物出資（28条）のみが認められる。合名会社の社員の出資の種類や履行の時期・方法などについて特別な規制はない。

  以上により、正しいものはアとイである。

16 定款の作成

《解答》　4

《解説》

ア．定款の絶対的記載・記録事項ではない。資本金の額は、登記と貸借対照表により公示される（911条、437条、440条）。

イ．定款の絶対的記載・記録事項である（37条、98条）。

ウ．定款の絶対的記載・記録事項である（27条4号）。

エ．定款の絶対的記載・記録事項ではない。ただし、発行可能種類株式総数を定めなければならない（108条2項）。

  以上により、株式会社の定款の絶対的記載・記録事項であるものは、イとウである。

17 発起設立と募集設立①

《解答》　1

《解説》

ア．正しい。

　　30条1項。

イ．誤り。

　　34条、64条1項対照。

ウ．正しい。

　　33条。

エ．誤り。

　　33条8項、96条、97条。

　　以上により、正しいものは、アとウである。

18 発起設立と募集設立②

《解答》　2

《解説》

ア．正しい。

　　合名会社・合資会社の無限責任社員（なお、有限責任社員につき576条参照）とは異なり、労務・信用出資は認められず、財産出資のみである。

イ．誤り。

　　発起人全員の同意があれば、対抗要件の具備は、会社成立後でもよい（34条1項）。

ウ．正しい。

　　208条3項。

エ．誤り。

　　63条1項。

　　以上により、正しいものは、アとウである。

19 発起設立と募集設立③

《解答》　2

《解説》

ア．正しい。

　　募集設立の場合には、株式引受人の保護の見地から、発起人及び設立時取締役がともに無過失責任を負う（52条1項、103条1項による52条2項2号の適用排除）。

イ．誤り。

　　発起設立の場合には、当該現物出資をした発起人は無過失責任を負う（52条2項かっこ書）。しかし、それ以外の発起人は、過失責任にとどまる（52条2項2号）。

ウ．正しい。

　　96条。

エ．誤り。

　　発起設立の場合、変態設立事項についての裁判所の変更決定により変更された場合（33条7項9項）及び発行可能株式総数の定めを設ける又は変更をする場合（37条1項2項）には、株式会社の成立前に認証を受けた定款を、例外的に変更できる（30条2項）。

　　以上により、正しいものは、アとウである。

20 変態設立事項に関する規制

《解答》　4

《解説》

ア．誤り。

　　現物出資財産等の価額、これに対し与える株式の種類、数等について検査役が調査する。これに対し、現実に会社に対し給付されたか否か、検査役の調査の例外事由に該当する場合にその財産について定款で定めた価額が相当か否か

等は取締役・監査役が調査しなければならない（46条、93条、94条）。

イ．正しい。

28条3号。

ウ．正しい。

登録免許税はその額の算定は客観性があり発起人による濫用のおそれがないことから、定款の記載・記録がなくとも、会社が当然に負担しなければならないと解されている（28条4号、会社法施行規則5条4号）。

エ．誤り。

設立費用については、現物出資・財産引受けとは異なり、検査役の調査が不要とされる例外規定はない（33条、87条2項）。

以上により、正しいものは、イとウである。

21 設立登記

《解答》　2

《解説》

ア．正しい。

49条。

イ．誤り。

創立総会に出席してその権利を行使した後は設立登記前であっても株式の引受けの取消しはできない（51条2項、102条6項）。

ウ．誤り。

35条、50条2項、63条2項。

エ．正しい。

215条1項。

以上により、正しいものは、アとエである。

22 設立関与者の責任

《解答》　2

《解説》

ア．正しい。

　　53条1項、54条。

イ．誤り。

　　53条2項、54条。

ウ．正しい。

　　53条1項、54条。

エ．誤り。

　　無過失責任であるが、免除できる。52条1項、103条1項、55条。

　　以上により、正しいものは、アとウである。

23 設立の瑕疵

《解答》　5

《解説》

ア．誤り。

　　設立無効判決が確定したときでもそれは会社、株主及び第三者との間に生じた権利義務には影響を及ぼさず、解散の場合に準じて清算することになる（遡及効の否定―839条）。いいかえれば、既往の関係では設立無効判決のなされた会社も有効に設立された会社と同様に、会社、株主及び第三者間の関係はそのまま維持し、将来に向かって清算によって法人格を消滅させることになる。

イ．正しい。

　　設立無効は、会社成立の日から2年以内に限り主張できる（主張期間の制限：828条1項1号）。

ウ．誤り。

　　設立無効判決が確定した場合、その判決は対世的効力を有し、第三者に対し

ても効力を生ずる（838条）。誰もそれを争うことはできなくなり、法律関係が
画一的に確定する。

エ．正しい。

　設立無効は、訴えをもってのみ主張できる（828条1項1号）。

　以上により、正しいものは、イとエである。

24 設立全般①

《解答》　6

《解説》

ア．誤り。

　出資の目的である財産が不動産である場合において、当該財産について定款
に記載された価額が相当であることについて、弁護士等の証明を受け、かつ、
不動産鑑定士の鑑定評価を受けたときは、裁判所の選任する検査役の調査を受
けることを要しない（33条10項3号）。

イ．誤り。

　設立時募集株式の引受人が、払込期日までに出資の履行をしない場合、発起
人は、当該引受人に対して、期日を定め、その期日までに当該出資の履行をし
なければならない旨を通知する必要はない（63条3項参照）。引受人が払込期
日に当該払込みをしないときは、当然に失権する（63条3項）。発起人の場合
は、失権手続を要する（36条）。

ウ．正しい。

　52条の2第1項1号。平成26年会社法改正により、発起人は、設立時発行株
式の払込金額の払込みを仮装した場合には、株式会社に対し、払込みを仮装し
た払込金額の全額の支払をしなければならなくなった（52条の2第1項1号）。

エ．正しい。

　64条。発起設立においては、払込みの取扱いをした金融機関は払込金の保管
証明責任を負わない（34条2項、64条参照）。他方、募集設立においては、払
込みの取扱いをした金融機関は払込金の保管証明責任を負う（64条）。

以上により、正しいものは、ウとエであり、解答は6である。

25 設立全般②

《解答》　5

《解説》

ア．誤り。

　現物出資についての裁判所選任の検査役の調査結果に基づいて裁判所が変更決定を出すことができる。募集設立の場合には、さらに裁判所選任の検査役の調査結果は、創立総会にも提出される（33条、87条、96条、97条）。

イ．誤り。

　57条、59条1項3項4項、61条。

ウ．正しい。

　募集設立では創立総会において選任される（34条、38条、40条、41条、86条、88条、90条）。

エ．正しい。

　判例（最判昭41.12.23）。

　以上により、正しいものは、ウとエである。

第 2 章
株 式

解答・解説編

26 種類株式等

《解答》 4

《解説》

ア．誤り。

　　議決権に関する事項についても、定めることができる（会社法109条2項、105条1項）。

イ．正しい。

　　発行する全部の株式を取得条項付株式とする定款変更をするには、総株主の同意を要するため（会社法110条）、反対株主の株式買取請求権は行使することができない。

ウ．正しい。

　　種類株式発行会社において、発行可能種類株式総数の合計数は、発行可能株式総数と一致させる必要はない。発行可能種類株式総数と発行可能株式総数の関係について特に規律は設けられておらず、発行可能種類株式総数の合計数は、発行可能株式総数と一致しなくてもよい。

エ．誤り。

　　種類株主総会の特殊決議を必要とする（株主総会の特別決議につき、会社法466条、309条2項11号、種類株主総会の特殊決議につき、111条2項1号、324条3項1号）。

解答・解説編　第2部 会社法

27 株式の譲渡①

《解答》　2

《解説》

ア．正しい。

　　取得者からも承認請求のみをすることが許容される（138条2号ハ、137条1項）。

イ．誤り。

　　投下資本回収保障のため、迅速な手続が要請されるので、譲渡は承認されたものとみなされる（145条1号）。

ウ．正しい。

　　140条4項5項、309条2項1号。なお、取締役会設置会社にあっては取締役会の決議が必要である（140条5項かっこ書）。

エ．誤り。

　　会社は、株主総会の特別決議によって、その株式の売渡しを請求することができる（175条1項、309条2項3号）。

　　以上により、正しいものは、アとウであり、解答は2である。

28 株式の譲渡②

《解答》　4

《解説》

ア．誤り。

　　出資の履行をすることにより募集株式の株主となる権利の譲渡は、株式会社に対抗することができない（208条4項）。会社の事務処理の便宜を図るため、権利株の譲渡は株式会社に対抗することができないとされている（35条、50条2項、63条2項、208条4項）。

イ．正しい。

　　取締役会非設置会社において、譲渡制限株式の譲渡に関する承認機関は株主

総会であるが、定款で別段の定めを設けることにより、取締役による決定とすることができる（139条1項）。

ウ．正しい。

　　譲渡制限株式の譲渡人から譲渡承認の請求がなされた日から2週間以内に会社が何ら通知をしないときは、会社・株主間に別段の合意がない限り譲渡は承認されたものとみなされる（145条1号）。株主の投下資本回収保障のため、迅速な手続の要請が働くからである。

エ．誤り。

　　譲渡制限株式の譲渡に際し、譲渡承認請求をした株主は、株式会社による買取りの通知を受けた後は、株式会社の承諾を得た場合に限り、その請求を撤回することができる（143条1項）。自らの意思により請求した者は、相手方の同意なく撤回できないとする趣旨である。

　　以上により、正しいものは、イとウである。

29 自己株式①

《解答》　2

《解説》

ア．正しい。

　　156条1項、163条。

イ．誤り。

　　原則として、議決権を行使することができない（160条4項）。

ウ．正しい。

　　156条1項の反対解釈。155条13号、会社法施行規則27条1号。無償である以上、資本維持原則違反の弊害を生じないからである。

エ．誤り。

　　単元未満株式の買取請求に基づく自己株式の取得については分配可能額規制はない（461条1項参照）。金額が少なく、買取請求に応じて、投下資本の回収保障を徹底すべきだからである。

以上により、正しいものは、アとウである。

30 自己株式②

《解答》　4

《解説》

ア．誤り。

取得を実行するその都度、取締役会決議により取得価額等を決定しなければ
ならない（会社法156条1項、157条1項2項）。

イ．正しい。

会社法164条1項2項。

ウ．正しい。

会社法163条かっこ書。

エ．誤り。

剰余金配当請求権及び残余財産分配請求権のみならず（会社法453条かっこ
書、504条3項かっこ書）、募集株式及び募集新株予約権の割当てを受ける権利
についても認められていない（202条2項かっこ書、241条2項かっこ書）。

以上により、正しいものは、イとウである。

31 自己株式③

《解答》　3

《解説》

ア．誤り。

自己株式の保有・処分については、何ら規制がない。

イ．正しい。

自己株式は取得原因が何であっても消却することができる（178条1項）。

ウ．正しい。

164条1項2項。

エ．誤り。

　会社は、自己株式につき剰余金の配当を請求することができないが、株式分割の場合は株式数は増加する（通説）。

　以上により、正しいものは、イとウである。

32 自己株式④

《解答》　4

《解説》

ア．誤り。

　株主総会の特別決議で行うことができる（160条1項、309条2項2号かっこ書。なお、161条、160条2項3項）。

イ．正しい。

　156条1項。なお、定款により、取締役会の決議によって定めることができるとしてもよい（165条2項）。

ウ．正しい。

　許容されるのは、他の会社の事業の全部を譲り受ける場合に限定される（135条2項1号参照）。ただし、その場合でも、子会社は相当の時期に取得した親会社株式を処分しなければならない（135条3項）。

エ．誤り。

　できる（135条2項2号）。相当の時期に処分しなければならないことは、ウ．の場合と同様である。

　以上により、正しいものは、イとウである。

33 子会社による親会社株の取得

《解答》　3

《解説》

ア．正しい。

親会社株式取得の禁止に違反した場合には、取締役などは百万円以下の過料に処せられる（976条10号）。

イ．誤り。

　親会社株式に、原則として議決権はない（308条１項、会社法施行規則67条、95条５号）。しかし、親会社といえども別会社であり、剰余金の配当は受けられる（453条かっこ書は、自己株式のみを規定している）。

ウ．誤り。

　「直ちに」ではなく、「相当の時期」に処分しなければならない（135条３項）。

エ．正しい。

　186条２項、202条２項かっこ書、749条１項３号かっこ書等。

　以上により、正しいものは、アとエである。

34　株券・振替株式①

《解答》　　1

《解説》

ア．正しい。

　会社法35条、50条２項、63条２項、208条４項。

イ．正しい。

　最判昭40.11.16。作成時ではなく交付時である。

ウ．誤り。

　株券の占有者は、当該株券に係る株式についての権利を適法に有するものと推定される（会社法131条１項）。

エ．誤り。

　振替株式については株券は発行されないが、善意取得の余地はある（振替法144条）。振替の申請により、その口座において振替株式についての増加の記載又は記録を受けた加入者は、悪意・重過失がない場合においては、記載・記録を受けた振替株式について善意取得が生じる。

　以上により、正しいものは、アとイである。

35 株券・振替株式②

《解答》　1

《解説》

ア．正しい。

128条2項。株券発行前に株主が交替することにより生じる発券事務の渋滞を防止し、株券の発行が円滑かつ正確に行われるようにするために、株券発行前の株式の譲渡は制限される。

イ．正しい。

215条4項、なお129条2項。公開会社でない株券発行会社においては、一般に株式の譲渡が頻繁になされるとは考えられないので、譲渡に必要になってから株券の発行をすることで足りると考えられたためである。

ウ．誤り。

株券発行会社においては、株式譲受人は株券を提示して単独で株主名簿の名義書換請求をすることができる（133条、会社法施行規則22条2項1号）。

エ．誤り。

株式会社は、株主名簿管理人がある場合には、株主名簿を株主名簿管理人の営業所に備え置かなければならない（125条1項かっこ書）。

以上により、正しいものは、アとイである。

36 株券・振替株式③

《解答》　1

《解説》

ア．正しい。

振替法140条。振替株式の取引をしようとする投資家は、振替機関又は口座管理機関（証券会社等）等に自分の口座を開設する必要がある。そして口座の開設者を加入者という。「機関口座」とは、振替機関が振替法上の義務を履行する目的のため、及び自己のために社債等の振替を行うため開設する口座であ

る（振替法12条1項2項）。振替機関及び口座管理機関は、各加入者（投資家、株主を指す。）ごとに区分された振替口座簿を備えなければならない。

イ．正しい。

　振替法151条1項2号。総株主通知である。基準日、株式併合の効力を生ずる日が到来したときなどに、振替機関は、株式併合の効力が生ずる日が到来したときに、その日の株主に関する法定の事項を、当該株式会社に対して通知しなければならず（同条項各号）、この通知を受けたときは、当該株式会社は、株主名簿に通知事項等を記載・記録しなければならず、それにより名義書換えがされたものと取り扱われる（振替法152条）。

ウ．誤り。

　株券発行会社である株式会社が自己株式を譲渡する場合、当該譲渡は、当該株式に係る株券の交付がなくても、その効力を生じる（会社法128条1項ただし書、129条1項）。同様に、新株発行時において株券の交付がなくても、新株発行の効力を生じる（215条1項）。なお、この場合、株主の請求によらないで、会社が株主名簿の名義書換えをする（132条）。

エ．誤り。

　できない（振替法128条1項かっこ書）。振替株式とは、株券を発行する旨の定款の定めがない会社の株式であり、振替機関が取り扱う電子化された株式をいうとされている（振替法128条1項）。なお、譲渡制限株式を振替株式とすることはできない（同条項かっこ書）。

　以上により、正しいものは、アとイである。

37　株主名簿①

《解答》　2

《解説》

ア．正しい。

　121条。

イ．誤り。

定款をもって会社が株主名簿管理人を設け（123条）、その者に名義書換えに必要な一切の事務を行わせる場合には、株主名簿は株主名簿管理人の営業所に備え置いてあればよい（125条）。

ウ．正しい。

126条。

エ．誤り。

133条2項、会社法施行規則22条2項（特に1号）。

以上により、正しいものは、アとウである。

38 株主名簿②

《解答》　1

《解説》

ア．正しい。

125条。判例。

イ．正しい。

判例。

ウ．誤り。

株券不発行会社では、株主名簿の名義書換は、第三者に対する対抗要件でもある（130条1項）。

エ．誤り。

名義書換請求権は問題なく認められる。

以上により、正しいものは、アとイである。

39 株式併合

《解答》　4

《解説》

ア．誤り。

株式の併合の効力発生日における発行可能株式総数は、効力発生日における発行済株式の総数の４倍を超えることができない（180条３項本文）。公開会社における株式の発行についての取締役会への授権に制約を付すという発行可能株式総数についての定款の定めに関する規律（113条３項）を設けた趣旨の潜脱を防止するため、平成26年改正で新たに設けられた規定である。

イ．正しい。

　取締役は、株式併合の決議をする株主総会において、株式の併合をすることを必要とする理由を説明しなければならない（180条４項）。株主からの質問がなくても説明しなければならない（314条本文参照）。

ウ．正しい。

　株式会社が株式の併合をすることにより株式の数に一株に満たない端数が生ずる場合には、反対株主は、当該株式会社に対し、自己の有する株式のうち一株に満たない端数となるものの全部を公正な価格で買い取ることを請求することができる（182条の４第１項）。株式の併合によって生ずる端数について、株主に対して適正な対価が交付されることを確保するため、平成26年改正で新たに設けられた規定である。

エ．誤り。

　株式併合により、発行済株式総数は当然に減少するが、会社財産及び資本金は、当然には減少しない。

　以上により、正しいものは、イとウであり、解答は４である。

40 株式消却・併合・分割・無償割当て

《解答》　3

《解説》

ア．正しい。

　183条２項１号、186条１項２号参照。

イ．誤り。

　株式の併合は、株主総会の特別決議により決定する必要がある。自己株式を

消却するには、会社は、消却する自己株式の種類・数を決定しなければならないが、その決定には、取締役会設置会社においては取締役会の決議を要する（178条2項）。これに対して、株式会社が、株式の併合をしようとするときは、その都度、株主総会の特別決議によって、併合の割合、併合がその効力を生じる日、種類株式発行会社においては併合する株式の種類を定めなければならない（180条2項、309条2項4号）。

ウ．誤り。

定款変更の手続をふまない限り、発行可能株式総数は当然には減少しない（37条1項、113条2項）。

エ．正しい。

自己株式の消却自体によっては、資本金の額は減少しない。株式の併合は、発行済株式総数が減少するも資本金の額に影響しない。株式の分割は、株式数を増加させるが資本金の額の増加を伴わない。株式の無償割当ては、出資を伴わないため資本金の額は増加しない。

以上により、正しいものは、アとエである。

41 株式無償割当て

《解答》　1

《解説》

ア．正しい。

185条。

イ．正しい。

186条3項。

ウ．誤り。

株式無償割当てに関しては正しい（186条2項）。

エ．誤り。

株式無償割当てに関しては正しい。

以上により、正しいものは、アとイである。

42 単元株

《解答》 1

《解説》

ア．正しい。

195条1項。

イ．正しい。

466条、309条2項11号。

ウ．誤り。

188条3項。

エ．誤り。

191条1号。

以上により、正しいものは、アとイである。

43 株式全般

《解答》 5

《解説》

ア．誤り。

　　株式会社は、株主名簿の閲覧請求者が当該株式会社の業務と実質的に競争関係にある事業を営み又はこれに従事するものであるとき、請求を拒むことができない（平成26年改正により旧会社法125条3項3号（当時）の規定は削られた）。

イ．正しい。

　　株式会社が全部取得条項付種類株式を取得する場合、事前の開示制度が義務付けられている。（平成26年改正会社法171条の2）。改正法では、株主保護の実効性を図り、全部取得条項付種類株式の取得の差止請求を可能とするため、事前の開示制度が新設された。

ウ．誤り。

　　全部取得条項付種類株式の取得が法令又は定款に違反する場合において株主

が不利益を受けるおそれがあるときは、株主は、株式会社に対し、当該全部取得条項付種類株式の取得をやめることを請求することができる（平成26年改正会社法171条の3）。

エ．正しい。

　　株式会社が全部取得条項付種類株式を取得した場合、事後の開示制度が義務付けられている。（平成26年改正会社法173条の2）。改正法では、株主への情報提供の充実を図り、全部取得条項付種類株式の取得に関する株主総会決議の取消しの訴え提起等を可能とするため、事後の開示制度が新設された。

　　以上により、正しいものは、イとエであり、解答は5である。

第 3 章

機 関

解答・解説編

44 株主総会①

《解答》　2

《解説》

ア．正しい。

　　295条1項2項。

イ．誤り。

　　取締役会設置会社の株主総会と取締役会設置会社以外の株主総会の決議事項
　が逆になっている。309条5項より、取締役会設置会社の株主総会においては、
　原則として招集権者が会議の目的と定めて株主に通知した事項以外は決議でき
　ない。一方、取締役会設置会社以外の株主総会では、そのような制約はない。

ウ．正しい。

　　295条3項。

エ．誤り。

　　299条1項より、非公開会社では、日頃の会社・株主相互間の連絡が緊密で
　あることが予定されており、招集期間は1週間とされている。

　　以上により、正しいものは、アとウである。

45 株主総会②

《解答》　2

《解説》

ア．正しい。

　108条1項2号、3号。

イ．誤り。

　定款変更の決議は、議決権を行使することができる株主の議決権の過半数を
有する株主が出席し、出席した当該株主の議決権の3分の2以上に当たる多数
をもってするという、特別決議で足りる（466条、309条2項11号）。

ウ．正しい。

　310条2項、1項。なお、同条第3項。

エ．誤り。

　相互に相手会社の総株主の議決権の4分の1以上の議決権を保有し合ってい
る会社は、両者ともそれぞれの会社において議決権を有しない（308条1項本
文かっこ書）。本記述では、単に「相互に持ち合っている株式」としか書かれ
ていないので、当然には、議決権を行使することができないとは言えない。

　以上により、正しいものは、アとウである。

46　株主総会③

《解答》　2

《解説》

ア．正しい。

　310条。

イ．誤り。

　313条3項。

ウ．正しい。

　297条。

エ．誤り。

　特別利害関係人については議決権は排除されず、その議決権行使によって著
しく不当な決議がなされた場合に決議取消原因とされるにすぎない（831条1
項3号）。但し、140条3項本文等により議決権が排除される場合がある。

以上により、正しいものは、アとウである。

47 株主総会④

《解答》　2

《解説》

ア．正しい。

298条1項3号。

イ．誤り。

電磁的方法による議決権の行使が認められるのは、議決権を有する株主数が1,000人以上の会社に限られず、「取締役の決定又は取締役会の決議」をもって定めることができる（298条1項4号）。

ウ．正しい。

297条。

エ．誤り。

書面投票・電子投票を認めない非公開会社については1週間であり、取締役会非設置会社ではさらに短縮が可能である（299条）。これらの会社では、人的関係が親密であり、総会出席への機会と準備の保障のためにはそれほど早めに招集通知を出さなくてもよいからである。

以上により、正しいものは、アとウである。

48 株主総会⑤

《解答》　5

《解説》

ア．誤り。

300条。総会招集通知が要求されるのは、株主の総会への出席および準備の機会を与えるためであり、株主が招集通知を受けることによって総会への出席および準備の機会を確保するという利益を個別的にすべての株主が放棄する場

合にまで、招集通知がないことのみを理由に株主総会としての有効性を否定する必要はないからである。

イ．誤り。

　書面等による株主総会決議の省略が認められるのは、株主総会の議題を取締役から提案された場合、あるいは株主提案権の行使により提案された場合の、当該事項についてのみである（319条）。

ウ．正しい。

　309条2項前段。

エ．正しい。

　309条2項前段。

　以上により、正しいものは、ウとエである。

49 株主総会⑥

《解答》　5

《解説》

ア．誤り。

　公開会社でない取締役会設置会社において、1株の株式（議決権があるものとする。）を3箇月間保有する株主は、取締役に対し、一定の事項を株主総会の目的とすることを請求することができない。株主の議題提案権につき、単独株主権とされるのは、取締役会非設置会社のみである（会社法303条1項2項）。本問の株式会社は、公開会社ではないため、「6箇月（これを下回る期間を定款で定めた場合にあっては、その期間）前から引き続き有する」との保有期間の要件は課されないが（同条3項）、取締役会設置会社であるため、「総株主の議決権の100分の1（これを下回る割合を定款で定めた場合にあっては、その割合）以上の議決権又は300個（これを下回る数を定款で定めた場合にあっては、その個数）以上の議決権」との要件が課される。なお、議案提案権（要領通知請求権）の請求できる議案の数は10個までとされた（令和元年改正会社法305条4項5項）。

イ．正しい。

　　会社法304条ただし書。なお、法令定款違反の議案も提出することができない。

ウ．誤り。

　　株式会社は、総株主（株主総会において決議をすることができる事項の全部につき議決権を行使することができない株主を除く。）の議決権の100分の1以上の議決権を有する株主からの請求があった場合、株主総会に係る招集の手続及び決議の方法を調査させるため、当該株主総会に先立ち、裁判所に対し、検査役の選任の申立てをする必要はない。株主総会の招集手続等に関する検査役については、株式会社又は総株主（株主総会において決議をすることができる事項の全部につき議決権を行使することができない株主を除く。）の議決権の100分の1（これを下回る割合を定款で定めた場合にあっては、その割合）以上の議決権を有する株主が、裁判所に対して、選任の申立てをすることができる（会社法306条1項）。

エ．正しい。

　　会社法308条2項、325条。

　　以上により、正しいものは、イとエである。

50　株主総会⑦

《解答》　2

《解説》

ア．正しい。

　　831条1項柱書。

イ．誤り。

　　831条1項より訴えを提起できるのは、株主、取締役、清算人、監査役にあたる者である。

ウ．正しい。

　　831条1項3号。

エ．誤り。

　　決議内容の定款違反は、決議取消しの訴えの対象となる。830条、831条。

　　以上により、正しいものは、アとウである。

51 取締役①

《解答》　5

《解説》

ア．誤り。

　　取締役は、当該会社の会計参与を兼ねることができない（会社法333条3項
　　1号）。

イ．正しい。

　　会社法346条1項2項。

ウ．誤り。

　　監査役設置会社である公開会社の取締役の任期は、原則として2年であり、
　　短縮することのみが認められている（会社法332条1項ただし書）。

エ．正しい。

　　会社法339条1項、341条。

　　以上により、正しいものは、イとエである。

52 取締役②

《解答》　5

《解説》

ア．誤り。

　　記述は、356条1項3号の利益相反取引の間接取引に該当する。よって取締
　　役会の承認を得ない限り、会社が取締役の債務に対し銀行と保証契約を締結し
　　保証人となることはできないが、取締役会の承認を得れば可能である。

イ．誤り。

競業取引は取締役個人（取締役の計算で第三者の名義で競業取引をなしている場合には、第三者）と相手方との間の取引であり、会社は直接契約の当事者ではない。よって相手方が悪意であろうと取引自体は有効である。

ウ．正しい。

423条。

エ．正しい。

行為の性質上、会社との間で利害衝突の生ずるおそれのない取引は取締役会の承認は不要であると解されている（記述の贈与につき判例は承認不要とする）。

以上により、正しいものは、ウとエである。

53 取締役③

《解答》　5

《解説》

ア．誤り。

任務を怠ったことが当該取締役の責めに帰することができない事由によるものであることをもって免れることができないが、総株主の同意によって免除することができる（会社法356条1項2号、423条1項、428条、424条）。

イ．正しい。

会社法427条1項。非業務執行取締役等（同条1項かっこ書）については、責任限定契約による軽減が認められており、社外取締役は非業務執行取締役等に該当する（2条15号イ）。

ウ．誤り。

取締役を辞任した者が、辞任登記を申請しないで不実の登記を残存させることにつき、明示的な承諾を与えていたなど特段の事情が存在する場合には、当該取締役を辞任した者は、善意の第三者に対して取締役でないことを対抗することができない結果、取締役として当該第三者に対する会社法429条1項の損害賠償責任を負う余地がある（最判昭62.4.16）。

エ．正しい。

会社法429条2項1号ニ。

54 取締役④

《解答》　4

《解説》

ア．誤り。

　　取締役を株主に限定する旨の定款規定を設けることはできないが（331条2項）、取締役全員を株主の中から選任することまで禁止するものではない。なお、成年被後見人、被保佐人を取締役に選任できるとされ（令和元年改正会社法331条1項）、一定の会社における社外取締役の設置義務が定められた（327条の2）。

イ．正しい。

　　342条。

ウ．正しい。

　　339条、854条。

エ．誤り。

　　346条は、取締役が解任された場合を除外している。株主の信任を失った取締役をその地位にとどめておくことはできないからである。

　　以上により、正しいものは、イとウである。

55 取締役⑤

《解答》　5

《解説》

ア．誤り。

　　当該取締役は当該取引が無効であることを当該株式会社に対して主張することができない（最判昭48.12.11）。

イ．正しい。

最判昭38.12.6。

ウ．誤り。

取締役の報酬等を定める株主総会において、取締役は報酬等について意見を述べることができない（会社法361条5項対照）。なお、監査等委員会設置会社では、監査等委員である取締役は、監査等委員である取締役の報酬等について、意見陳述権を有する（361条5項）。

エ．正しい。

会社法911条3項14号23号ハ。株式会社以外の会社で氏名又は名称及び住所の登記が必要となるのは、直接責任を負担する持分会社の社員（912条5号、913条5号）と、代表権を有する合同会社の社員である（914条7号8号）。

以上により、正しいものは、イとエである。

56 取締役⑥

《解答》　5

《解説》

ア．誤り。

429条2項。

イ．誤り。

いわゆる表見的取締役の対第三者責任の問題である。この問題について、判例は、その者が登記に承諾を与える等、故意または過失によって不実の登記の出現に加担していた場合には、908条2項を類推して損害賠償責任を認める。

ウ．正しい。

847条の4第2項。

エ．正しい。

前段は429条1項により、後段は371条4項による。

以上により、正しいものは、ウとエである。

57 取締役⑦

《解答》　2

《解説》

ア．正しい。

　　監査役設置会社においては、取締役及び監査役の全員の同意があるときは、招集の手続を経ることなく取締役会を開催することができる（会社法368条2項）。

イ．誤り。

　　公開会社の株主は、取締役が目的の範囲外の行為その他法令若しくは定款に違反する行為をし、又はこれらの行為をするおそれがあると認めるときは、取締役に対し、取締役会の招集を請求することができない（会社法367条1項かっこ書）。このような請求ができるのは、監査役設置会社、監査等委員会設置会社及び指名委員会等設置会社を除いた取締役会設置会社の場合である。

ウ．正しい。

　　公開会社の株主は、その権利の行使に必要なときは、裁判所の許可を得て取締役会の議事録を閲覧することができる（会社法371条2項3号）。取締役会の議事録には秘密を要する事項も含まれるため、業務監査のための機関が存する会社の株主は、裁判所の許可を得ないと閲覧請求できない。

エ．誤り。

　　取締役は、その職務の執行に関し、第三者に生じた損害を賠償する責任を負う場合における損失の全部又は一部を、当該会社が当該取締役に対して補償することを約する契約を会社法の規定に基づき締結することができる（会社法430条の2第1項2号）。会社に対する損害賠償額は、補償の対象とはならない。

　　以上により、正しいものは、アとウである。

58 取締役⑧

《解答》　1

《解説》

　847条。代表訴訟の対象となるのは、まずは取締役の会社に対する責任である。ここで取締役の責任とは、取締役が会社に対して負担する一切の債務が代表訴訟の対象となるとされている（通説）。それは、訴え提起の懈怠の可能性という点ではすべての債務について言えるからである。

　このほか発起人・役員等の責任や違法な利益供与を受けた者の責任、取締役と通謀して著しく不公正な払込金額で株式を引受けた者の会社に対する差額支払義務の追及も規定されている。

以上により、正しいものは、アとイである。

59 取締役⑨

《解答》　　4

《解説》

ア．誤り。

　　847条5項。会社が60日以内に訴えを提起しない場合に加えて、期間経過を待つと会社に回復することができない損害が生じるおそれがある場合には、直ちに代表訴訟を提起できる。

イ．正しい。

　　360条1項2項。

ウ．誤り。

　　385条1項。回復することができない損害ではなく、「著しい損害」が生じるおそれがあればよい。

エ．正しい。

　　849条1項。

　　以上により、正しいものは、イとエである。

60 取締役⑩

《解答》　4

《解説》

ア．誤り。

　　親会社の株式を一株でも有していても特定責任追及の訴えを提起できない（847条の3第1項）。6箇月前から引き続き（非公開会社では期間要件は不要）、株式会社の最終完全親会社等の総株主の議決権の100分の1以上の議決権を有する株主又は当該最終完全親会社等の発行済株式の100分の1以上の数の株式を有する株主は、当該株式会社の取締役に対して特定責任追及の訴えを提起できる。

イ．正しい。

　　取締役が計算書類等に虚偽の記載をした場合、自己の無過失を立証しない限り第三者に対して責任を負う（429条2項）。同条1項は、第三者が取締役の悪意又は重過失を立証できない限り責任を負わないのに対し、同条2項は、取締役が自己の無過失を立証できない限り責任を負担する。重要書類等への虚偽記載が不特定多数の第三者に損害を及ぼしうることから、責任が加重されたのである。

ウ．正しい。

　　代表訴訟を提起した株主は、当該株式会社の承認がない限り、被告である取締役と裁判上の和解をすることはできない（850条1項）。株主と取締役の合意のみに基づく、会社の利益の処分となる和解は、会社延いては株主全体の利益を害するおそれがあるからである。

エ．誤り。

　　仮装払込みをした募集株式の引受人・新株予約権者の支払義務に関しては、代表訴訟の対象とすることはできる。仮装払込みをした募集株式の引受人又は新株予約権者の支払義務・給付義務は、代表訴訟の対象とすることができる（847条1項、213条の2第1項、286条の2第1項）。

　　以上により、正しいものは、イとウであり、解答は4である。

61 特別取締役

《解答》　3

《解説》

ア．正しい。

　373条1項。

イ．誤り。

　6人以上である。373条1項1号。

ウ．誤り。

　社外取締役が特別取締役に選定されなくてもよい。

エ．正しい。

　383条1項。

　以上により、正しいものは、アとエである。

62 指名委員会等①

《解答》　3

《解説》

ア．正しい。

　株式会社は、その規模に関係なく、また公開会社であるか否かを問わず、指名委員会等設置会社となることができるが、指名委員会等設置会社には取締役会及び会計監査人の設置が義務付けられている（2条12号、326条2項、327条1項4号、327条5項）。

イ．誤り。

　指名委員会は、委員である各取締役が招集するが、特定の取締役に招集権を専属させることは認められていない（410条、366条1項ただし書参照）。監査役会や、その他の委員会の場合も同様である。

ウ．誤り。

　取締役会は、執行役の職務の執行が法令及び定款に適合することを確保する

ための体制その他株式会社の業務の適正を確保するために必要な事項を決定しなければならないが、その決定を執行役に委任することはできない（416条1項1号ホ、なお、同条2項、同条4項参照）。その他、競業及び利益相反の取引の承認等の決定も委任できない。

エ．正しい。

指名委員会等設置会社は、監査等委員会を置いてはならない（327条6項）。監査等委員会は、もともと、指名委員会等設置会社の監査委員会に代わるような監査等委員会を設置する監査等委員会設置会社に設置されるものだからである。

以上により、正しいものは、アとエであり、解答は3である。

---

63 指名委員会等②

《解答》　3

《解説》

ア．正しい。

会社法416条1項1号ロホ2項。内部統制体制の整備の決定の義務付けである。

イ．誤り。

指名委員会等設置会社は、常勤の監査委員を置かなくてもよい。監査委員会の監査が内部統制体制を通じて行われるからである。

ウ．誤り。

指名委員会等設置会社の監査委員は、監査委員会が作成した監査報告に異なる意見を付記することができる（会社法施行規則131条1項後段、会社計算規則129条1項後段）。

エ．正しい。

会社法407条1項。

以上により、正しいものは、アとエである。

64 監査等委員会設置会社

《解答》　4

《解説》

ア．誤り。

　　選任後2年以内に終了する事業年度のうち最終のものに関する定時株主総会までであるが、定款の定めによって、その任期を短縮することはできない（会社法332条1項、2項かっこ書、3項、4項）。

イ．正しい。

　　会社法327条4項5項。

ウ．正しい。

　　会社法339条1項、309条2項7号、854条。

エ．誤り。

　　定款の定めによれば、支店その他重要な組織の設置、変更及び廃止に係る決定を、取締役会の決議によって取締役に委任することができる（会社法399条の13第6項）。なお、取締役の過半数が社外取締役である場合も同様である（同条第5項）。

65 取締役会

《解答》　4

《解説》

ア．誤り。

　　他の会社の事業全部の譲受けは株主総会の特別決議事項であるが（309条2項11号、467条1項、但し簡易な譲受けにつき468条参照）、事業の一部譲受けは取締役会決議事項である（362条4項1号）。

イ．正しい。

　　資本金額減少は、会社事業の規模を縮小させ、かつ、株主の権利を減縮させて、株主の利益に重大な影響を与えるので、株主総会の特別決議事項とされて

いるが、場合により普通決議、取締役会決議事項である（309条2項9号、447条）。

ウ．正しい。

　株式の発行と同時に準備金の額を減少する場合で一定の場合には取締役会で可（448条3項）。準備金の額を減少する場合には欠損塡補か否かを問わず原則として株主総会普通決議が必要である（448条1項。なお459条）。

エ．誤り。

　新株発行は原則として取締役会の決議事項であるが、有利発行は株主総会の決議事項となる（199条、201条）。

　以上により、正しいものは、イとウである。

66 代表取締役①

《解答》　1

《解説》

ア．正しい。

　代表取締役の員数につき明文の規定はなく、一人または数人で差し支えないと解されている。

イ．正しい。

　911条3項14号、909条。

ウ．誤り。

　取締役会決議で解職されるのは代表取締役の地位のみであり、取締役の解任は株主総会の専決事項である（309条2項7号、339条）。よって代表取締役を解職されたとしても依然としてその者は取締役の地位は有する。

エ．誤り。

　349条により誤り。代表取締役の権限を会社の内部規則で制限することは可能であるが、その制限は善意の第三者に対抗できないものとされる（代表権の不可制限性）。

　以上により、正しいものは、アとイである。

67 代表取締役②

《解答》　5

《解説》

ア．誤り。

　　会社の許諾とは、積極的に名称使用を許諾した場合（明示の許諾）だけでなく、このような名称を使用する者がいることを知りながら、これを放置し黙認している場合（黙示の許諾）をも含む。

イ．誤り。

　　会社法354条の趣旨は、第三者の正当な信頼を保護しようとするものであるから、代表権の欠缺を知らないことにつき第三者に重大な過失があるときは、悪意の場合と同視される（判例）。

ウ．正しい。

　　354条は908条1項の例外規定である。

エ．正しい。

　　代表取締役に通知をせずに招集された取締役会にて代表取締役に選定された取締役が、代表取締役としての職務を行ったときは、当該選任決議が無効である場合でも、当該取締役が代表取締役としてなした行為につき、会社は、善意無重過失の第三者に対して会社法354条の類推適用により責任を負う（判例）。

　　以上により、正しいものは、ウとエである。

68 代表取締役③

《解答》　3

《解説》

ア．正しい。

　　会社の経営支配に強大な権限と影響力をもつ代表取締役の解職の場合、当該代表取締役が一切の私心を払拭して、公正に議決権を行使することは必ずしも期待できないからである。

イ．誤り。

363条。

ウ．誤り。

349条。代表取締役は取締役の地位を前提とする。

エ．正しい。

349条。

以上により、正しいものは、アとエである。

69 監査役①

《解答》　3

《解説》

ア．誤り。

監査役の監査権限は会計監査を含む業務全般の監査に及ぶ。但し、389条。

イ．正しい。

381条2項。

ウ．正しい。

これは監査役の権限（385条）であるとともに義務でもある。監査役が差止
請求権を行使しないことは任務懈怠となる。

エ．誤り。

監査役会が機関であるとしても、個々の監査役は依然として独任制の機関で
ある（390条2項但書）。

以上により、正しいものは、イとウである。

70 監査役②

《解答》　4

《解説》

ア．誤り。

株式会社の監査役は、当該株式会社の子会社の社外監査役となることができない（会社法２条16号ハ）。

イ．正しい。

監査役会の招集通知の方法には制限がなく、口頭（電話を含む）でも書面でもよい（会社法392条１項参照）。

ウ．正しい。

会社法390条４項。

エ．誤り。

監査役会は、招集権者を限定することは認められず、各監査役が招集することができる（会社法391条）。

以上により、正しいものは、イとウである。

71 執行役

《解答》　3

《解説》

ア．正しい。

原則として取締役は執行役を兼ねることはできる（402条６項）。しかし委員会設置会社又はその子会社の監査委員たる取締役は、執行役を兼ねることはできない（400条４項）。

イ．誤り。

執行役の選任は、指名委員会によりなされるのではなく、取締役会の決議をもってなされる（402条）。代表執行役も同様である（420条）。

ウ．誤り。

執行役は１人以上何人でもよい（402条）。なお、執行役が１人の場合は、同人が当然に代表執行役となる（420条）。

エ．正しい。

402条２項７項。取締役会により選任されることから、取締役の任期（332条３項）と連動している。

以上により、正しいものは、アとエである。

72 機関全般

《解答》 2

《解説》

ア．正しい。

384条。なお、法務省令で定めるものは、電磁的記録その他の資料である（会社法施行規則106条）。

イ．誤り。

会計監査人は、その職務を行うに際して取締役の職務の執行に関し不正の行為又は法令若しくは定款に違反する重大な事実があることを発見したときは、遅滞なく、これを監査役会に報告しなければならない（397条1項3項）。会計参与も同様である（375条1項2項）。

ウ．正しい。

419条1項。

エ．誤り。

監査等委員会設置会社において、取締役は、株式会社に著しい損害を及ぼすおそれのある事実があることを発見したときは、直ちに、当該事実を監査等委員会に報告しなければならない（357条1項3項）。

以上により、正しいものは、アとウであり、解答は2である。

第 4 章
資金調達

73 通常の新株発行①

《解答》　4

《解説》

ア．誤り。

199条2項、200条1項、309条2項5号。特別決議事項である。

イ．正しい。

200条1項。

ウ．正しい。

202条3項3号。

株主割当てで株主に有利発行をするならば、経済的不利益は生じないからである。

エ．誤り。

202条1項。

以上により、正しいものは、イとウである。

74 通常の新株発行②

《解答》　3

《解説》

ア．正しい。

207条1項。

イ．誤り。

207条9項5号。帳簿価額を超えない場合。

ウ．誤り。

199条1項4号、209条1項2号。払込みの日に生じる。

エ．正しい。

208条5項。

以上により、正しいものは、アとエである。

75 通常の新株発行③

《解答》　1

《解説》

ア．正しい。

201条5項。

イ．正しい。

212条、847条による。

ウ．誤り。

新株引受けの無効・取消しの主張は、株主となった日から1年以内であれば（但し、その新株につき株主としての権利を行使していないことを要する）許される（211条2項、なお、51条2項・102条6項対照）。

エ．誤り。

以上により、正しいものは、アとイである。

76 通常の新株発行④

《解答》　2

《解説》

ア．正しい。

199条、200条、309条2項5号。

イ．誤り。

201条。株主総会特別決議が必要である。

ウ．正しい。

207条。

エ．誤り。

212条。通謀が必要である。

以上により、正しいものは、アとウである。

77 新株予約権・新株予約権付社債①

《解答》　4

《解説》

ア．誤り。

譲渡による当該新株予約権の取得について当該株式会社の承認を要することとするときは、新株予約権を引き受ける者の募集をするときに、新株予約権の内容としてその旨を定めなければならない（会社法236条1項6号、238条1項1号）。定款ではなく、新株予約権を発行しようとする時に決定する。

イ．正しい。

会社法254条2項ただし書、267条2項ただし書。新株予約権付社債は、新株予約権を付した社債であって（2条22号）、原則として、新株予約権又は社債の一方のみを譲渡することができないが、新株予約権又は社債が消滅した場合は、単独で譲渡したり質入れしたりすることができる。

ウ．正しい。

会社法280条2項。証券が発行されている場合には、権利の移転及び行使は証券を基準とする趣旨である。

エ．誤り。

記名式の新株予約権証券が発行されている証券発行新株予約権の譲渡は、その新株予約権を取得した者の氏名又は名称及び住所を新株予約権原簿に記載し、又は記録しなければ、株式会社に対抗することができない（会社法257条1項

2項)。

　以上により、正しいものは、イとウである。

78 新株予約権・新株予約権付社債②

《解答》　　4

《解説》

ア．誤り。

　　募集新株予約権の申込者は、募集新株予約権の払込金額の全額を払い込まなくても、割当日に、株式会社の割り当てた募集新株予約権の新株予約権者となる（245条1項1号）。

イ．正しい。

　　206条の2第1項。本条項は、支配株主の異動は、公開会社の経営の在り方に重大な影響を及ぼすことにかんがみて、株主に対して情報を開示し（本条項本文）、株主の意思を問うこと（本条4項）が相当であるとの見地から、平成26年改正によって新設された。

ウ．正しい。

　　286条の2第1項2号3号、281条1項2項。新株予約権の行使に際して、金銭の仮装払込み又は金銭以外の財産の仮装給付があった場合には、仮装した金銭の全額の支払又は金銭以外の財産の給付をしなければならない。募集株式の発行等に際して仮装払込み等をした者等の義務と同一の趣旨に基づく。

エ．誤り。

　　新株予約権の発行が存在しない場合には、株式の発行が存在しない場合と同様に、新株予約権の発行が存在しないことの確認の訴えを提起することができる（834条13号、同条15号参照）。いずれの訴えも、確認の利益がある限り、適法に提起することができる（829条1号3号）。

　　以上により、正しいものは、イとウである。

第5章 社債・計算・定款変更

第 **5** 章

社債・計算・定款変更

解答・解説編

79 社債の発行

《解答》　4

《解説》

ア．誤り。

676条。

イ．正しい。

702条。

ウ．正しい。

362条4項5号。

エ．誤り。

原則として、普通決議とし、出席した議決権者の議決権の総額の2分の1を超える議決権を有する者の同意による。なお、特別決議の決議要件には、議決権者の議決権の総額の5分の1以上でかつ出席した議決権者の議決権の3分の2以上であることも加わる（724条）。

以上により、正しいものは、イとウである。

80 社債権者集会

《解答》　3

《解説》

ア．正しい。

会社法724条3項、719条2号、720条3項。

イ．誤り。

　社債権者は、その有する議決権を統一しないで行使することができ、この場合においては、社債権者集会の日の3日前までに、招集者に対してその旨及びその理由を通知しなければならない（会社法728条1項）。招集者は、当該社債権者が他人のために社債を有する者でないときは、議決権を統一しないで行使することを拒むことができる（同条2項）。

ウ．誤り。

　社債発行会社は、社債権者集会の日から10年間、社債権者集会の議事録をその本店に備え置かなければならないが、支店への備置きは不要である（会社法731条2項）。支店への備置きも求められる株主総会議事録（318条2項3項）とは異なる。

エ．正しい。

　会社法735条の2第1項4項、734条1項。

81 資本・準備金

《解答》　2

《解説》

ア．正しい。

　451条。

イ．誤り。

　ともに法務省令で積立限度が設けられている。

ウ．正しい。

　448条1項、3項。

エ．誤り。

　448条。

　以上により、正しいものは、アとウである。

82 剰余金配当

《解答》 2

《解説》

ア．正しい。

　461条違反の剰余金配当がなされた場合において、会社債権者は配当金を受領した株主に対し配当金の会社への返済を請求することができるが（463条2項）、それは株主が違法配当につき善意か悪意かを問わない。

イ．誤り。

　459条。できる。

ウ．正しい。

　454条5項。

エ．誤り。

　以上により、正しいものは、アとウである。

83 資本金額減少

《解答》 1

《解説》

ア．正しい。

　447条3項、309条2項9号。

イ．正しい。

　資本金額減少の目的それ自体については制限はない。

ウ．誤り。

　447条2項。

エ．誤り。

　828条1項5号・2項5号。

　以上により、正しいものは、アとイである。

84 定款変更

《解答》　1

《解説》

ア．正しい。

　113条3項。

イ．正しい。

　309条2項11号、466条。

ウ．誤り。

　ある種類の株式の種類株主に損害を及ぼす場合に種類株主総会決議が必要である（322条1項）。

エ．誤り。

　195条1項。

　以上により、正しいものは、アとイである。

第 **6** 章
事業譲渡と
組織再編

解答・解説編

85 企業結合

《解答》　2

《解説》

ア．正しい。

　　309条2項11号、467条1項1号、309条2項12号、783条、795条参照。なお、796条（簡易合併）参照。

イ．誤り。

　　合併の場合、債権者保護手続は必要だが（789条、799条）、事業譲渡では不要である。

ウ．正しい。

　　469条、785条、797条参照。なお、471条3号の決議を同時になした場合は買取請求権が認められていない（469条1項但書）。

エ．誤り。

　　合併では会社の解散の問題は生ずるが（471条4号、吸収合併の場合のみならず、新設合併の場合でも）、事業譲渡では会社は当然には解散しない。

　　以上により、正しいものは、アとウである。

86 会社の合併①

《解答》　4

《解説》

ア．誤り。

　合併において消滅会社は、清算手続を要せず当然消滅する（471条4号、475
条1号かっこ書）。

イ．正しい。

　749条1項2号イ、753条1項7号。

ウ．正しい。

　合併の場合には、事業譲渡のような一部財産の除外は許されず、その財産は
新設会社に包括的に移転する（2条27号、28号）。

エ．誤り。

　あらかじめ定められた効力発生日である（749条1項6号）。

　以上により、正しいものは、イとウである。

87 会社の合併②

《解答》　2

《解説》

ア．正しい。

　784条、796条。

　略式・簡易合併に該当する場合には、存続会社においては株主総会特別決議
は不要とされる。

イ．誤り。

　総社員の同意が必要であり（793条1項、802条1項、813条1項）、また、債
権者保護手続も必要である（793条2項、802条2項、813条2項）。

ウ．正しい。

　445条5項。

エ．誤り。

　828条2項7号8号。清算人、破産管財人又は合併を承認しない債権者も提
訴できる。なお、指名委員会等設置会社においては執行役も提訴権者である。

　以上により、正しいものは、アとウである。

88 会社の合併③

《解答》　2

《解説》

ア．省略できない。

　　782条、794条、803条。

イ．省略できる。

　　784条、796条。略式・簡易合併。

ウ．省略できない。

　　801条、815条。

エ．省略できる。

　　785条3項4項、797条3項4項。

　　以上により、手続省略が認められないものは、アとウである。

89 株式交換・株式移転・株式交付

《解答》　3

《解説》

ア．正しい。

　　株式交換、株式移転は、いずれも完全親子会社関係を創設するための制度で
　あるが、株式交付は単なる親子会社関係を創設するための制度である（会社法
　2条31号、32号、32号の2）。

イ．誤り。

　　株式移転、株式交付においては、親会社になることができるのは株式会社の
　みであるが、株式交換においては、合同会社も親会社になることができる（会
　社法2条31号、32号、32号の2）。

ウ．誤り。

　　株式交換をする場合の株式交換契約、株式移転をする場合の株式移転計画は、
　いずれの場合も原則として既存の会社の株主総会特別決議で承認することを要

するが、株式交付をする場合の株式交付計画は、親会社となる株式会社（株式交付親会社）においては原則として株主総会特別決議による承認を要するが、子会社となる株式会社（株式交付子会社）においては株主総会による承認決議は要求されていない（会社法783条1項、795条1項、804条1項、309条2項12号、816条の3第1項、309条2項12号）。

エ．正しい。

　　株式交換、株式移転、株式交付のいずれにおいても、原則として債権者異議手続は不要である。子会社となる株式会社の債権者の地位に基本的に変動はなく、親会社となる会社の財務の状況が悪化することもないからである（なお、会社法789条1項3号、799条1項3号、810条1項3号、816条の8第1項）。

　　以上により、正しいものは、アとエである。

90 会社分割

《解答》　5

《解説》

ア．誤り。

　　当該債務の履行を請求することができない（759条4項ただし書）。本条項は、平成26年改正で設けられた残存債権者保護規定であるが、吸収分割承継株式会社が善意のときは例外である。自由競争の範囲を逸脱する事情がなければ当該会社の責任を追及できないとする趣旨である。

イ．正しい。

　　789条1項2号。吸収分割株式会社は、通常、吸収分割承継会社から移転した純資産の額に等しい対価を取得し、その責任財産が減少しないと考えられるからである。なお、エのいわゆる人的分割の定めがある場合は、吸収分割後に吸収分割株式会社に対して債務の履行を請求できる債権者が例外的に異議を述べることができる（789条1項2号かっこ書、758条8号）。

ウ．誤り。

　　当該不法行為債権者に対する各別の催告を省略することができない（789条

３項かっこ書）。不法行為債権者に公告のチェック等を要求することは無理であり、また、契約上の債権者ならとれるような自衛策もとりえないからである。

エ．正しい。

789条１項２号第２かっこ書。この場合、吸収分割株式会社が吸収分割承継株式会社から取得した対価が株主に分配され、その責任財産が社外に流出して減少するからである。

以上により、正しいものは、イとエである。

第7章 持分会社等

《解答・解説編》

91 各種会社①

《解答》　4

《解説》

ア．誤り。

　　合名会社の社員の責任を定める580条は強行規定であり、特定の社員の責任を免除・有限とすることはできないと解されている。

イ．正しい。

　　合名会社社員の責任は、会社財産をもって完済できない場合等にはじめて追及されるという意味で、二次的（補充的）な責任である（580条）。また会社債務が消滅すれば社員の責任もなく、会社が債権者に対する抗弁事由を有するときは社員もその責任追及に対しその抗弁事由を援用できるという意味で、従属的な責任である（581条）。

ウ．誤り。

　　直接有限責任ではあるが、結果として間接有限責任となる。

エ．正しい。

　　株主は会社に対し引受価額を限度とする出資義務を負担するにすぎない（104条）。しかし株式会社では資本充実の要請に基づき、会社成立前・新株の効力発生前に出資価額全額の払込・給付が要求されており（34条1項、63条1項、208条1項2項）、このような出資義務は株式引受人の義務として履行される。株主となった以上は会社に対して原則として責任を負うことはない。

　　以上により、正しいものは、イとエである。

92 各種会社②

《解答》　4

《解説》

ア．誤り。

594条1項。

イ．正しい。

株主有限責任の原則（104条）は、株式会社の本質的原則であって、定款・総会決議をもってしても株主の責任を加重することはできないと解されている。

ウ．正しい。

632条1項。

エ．誤り。

持分の譲受人が既存の社員であると否とを問わず持分の譲渡には、社員全員の同意が必要とされる（585条）。

以上により、正しいものは、イとウである。

93 各種会社③

《解答》　3

《解説》

ア．正しい。

会社法576条1項4号、598条1項参照。法人が業務を執行する社員である場合には、当該法人は、当該業務を執行する社員の職務を行うべき者を選任し、その者の氏名及び住所を他の社員に通知しなければならない（598条1項）。

イ．誤り。

持分会社の業務を執行する社員は、定款に別段の定めがある場合を除き、当該社員以外の社員の全員の承認を受けなければ、当該持分会社の事業と同種の事業を目的とする株式会社の取締役となることはできない（会社法594条1項柱書2号）。

ウ．誤り。

　持分会社の業務執行社員は、定款に別段の定めがある場合を除き、当該社員以外の社員の過半数の承認を受けなければ、自己又は第三者のために当該持分会社と取引をすることはできない（会社法595条1項1号）。

エ．正しい。

　会社法592条2項ただし書。

　以上により、正しいものは、アとエである。

94 各種会社④

《解答》　5

《解説》

ア．誤り。

　585条より原則として無限責任社員及び業務執行社員である有限責任社員の持分の譲渡には他の社員全員の承諾が必要である。

イ．誤り。

　612条。

ウ．正しい。

　594条1項。

エ．正しい。

　585条1項。

　以上により、正しいものは、ウとエである。

95 各種会社⑤

《解答》　4

《解説》

ア．誤り。

　株式会社は、合名会社や合資会社の無限責任社員になることができ、合名会

社や合資会社のように無限責任社員を有する会社は、株式会社の株主になることができる。平成17年改正前商法55条では、会社は他の会社の無限責任社員になれないという規制があったが、会社法ではその規制は廃止されている。

イ．正しい。

632条1項・624条1項前段。定款を変更して、その社員の「出資の価額」を減少する場合にのみ可能である（632条1項）。「出資の価額」を減少しないと、その部分は出資未履行分となり、債権者に対して直接有限責任を負う余地が出てくるのを回避するためである。合同会社においては、出資の未履行部分が生じない仕組みとなっているため、結果として、社員は会社債権者に対して直接責任を負担しない。

ウ．誤り。

合資会社は法人たる共同企業であるが（3条）、匿名組合は法人ではなく営業者の単独企業である。匿名組合員も匿名組合の営業者の営業に対し監視権を有し（商法539条）、合資会社の業務を執行しない社員も合資会社に対し監視権を有する（会社法592条1項）。

エ．正しい。

合同会社につき578条本文。なお、合資会社の有限責任社員が既に履行した出資の価額は登記事項とされている（913条7号）。

以上により、正しいものは、イとエである。

96 各種会社⑥

《解答》　3

《解説》

ア．正しい。

576条。

イ．誤り。

合同会社においても、その設立手続は、社員となろうとする者が行う（575条）。

ウ．誤り。

　　株式会社については原則として定款外の選任（34条、38条、40条、41条、86条、88条、90条）である。

エ．正しい。

　　27条、576条。

　　以上により、正しいものは、アとエである。

97 各種会社⑦

《解答》　1

《解説》

ア．正しい。

　　591条2項。

イ．正しい。

　　585条2項。

ウ．誤り。

　　合同会社が分割会社として行う吸収分割のうち、権利義務の全部を他の会社に承継させる場合には、定款に別段の定めがない限り、総社員の同意が必要である（793条1項2号）。

エ．誤り。

　　合同会社が完全親会社となる株式交換のうち、株式交換完全子会社の株主が株式交換完全親合同会社の社員になる場合には、定款に別段の定めがない限り、総社員の同意が必要である（802条1項3号、770条1項2号）。

　　以上により、正しいものは、アとイである。

98 合同会社①

《解答》　5

《解説》

ア．誤り。

578条但書。社員になろうとする者全員の同意が必要である。

イ．誤り。

1円からの出資が可能である。

ウ．正しい。

576条4項。

エ．正しい。

579条。

以上により、正しいものは、ウとエである。

99 合同会社②

《解答》　4

《解説》

ア．誤り。

590条、591条、599条。

イ．正しい。

585条2項。

ウ．正しい。

588条2項。

エ．誤り。

計算上出資の未履行となることによる責任を負わない。580条2項、630条3項。

以上により、正しいものは、イとウである。

100 特例有限会社

《解答》　4

《解説》

ア．誤り。

特例有限会社では、定款の定めによっても、取締役会を置くことができない。特例有限会社の株主総会及び取締役以外の機関については、定款の定めによって、監査役を置くことのみが認められている（会社法の施行に伴う関係法律の整備等に関する法律（以下、「整備法」という。）17条1項、会社法326条2項）。

イ．正しい。

整備法2条1項、9条1項、会社法108条1項1号。特例有限会社は、整備法に別段の規定がない限り、会社法上の株式会社と同様に取り扱うこととなる（整備法2条1項）。特例有限会社は、その発行する全部の株式の内容として譲渡制限がある旨及び当該会社の株主が譲渡により株式を取得する場合においては会社が譲渡を承認したものとみなす旨の定めがあるものとみなされるが（整備法9条1項）、剰余金の配当に関する種類株式の発行について整備法上に別段の規定はない。

ウ．正しい。

整備法2条1項、会社法676条。特例有限会社は、整備法に別段の規定がない限り、会社法上の株式会社と同様に取り扱うこととなる（整備法2条1項）。社債の発行に関して整備法上に別段の規定はないため、特例有限会社は通常の株式会社と同様に社債を発行することができる。

エ．誤り。

特例有限会社は、貸借対照表を公告することを要しない。特例有限会社には、計算書類の公告に関する会社法440条の規定が適用されないため（整備法28条）、貸借対照表の公告義務がない。

101 外国会社

《解答》 3

《解説》

ア．正しい。

会社法5条。

イ．誤り。

外国会社は、日本において取引を継続してしようとするときは、日本に営業所を設ける必要はない（会社法933条1項参照）。営業所がない場合には、日本における代表者の住所地が営業所の所在地とみなされる（同条4項）。

ウ．誤り。

外国会社の日本における代表者は、当該外国会社の日本における業務に関する一切の裁判上又は裁判外の行為をする権限を有する（会社法817条2項）。この権限に加えた制限は、善意の第三者に対抗することができない（同条3項）。

エ．正しい。

会社法821条1項。これに違反して取引をした者（擬似外国会社の代表者等）は、相手方に対し、外国会社と連帯して、当該取引によって生じた債務を弁済する責任を負う（同条2項）。

102 匿名組合

《解答》　3

《解説》

ア．正しい。

商536条1項。

イ．誤り。

匿名組合員は、商人・非商人を問わないが、営業者は商人でなければならない。

ウ．誤り。

匿名組合員は、利益の分配を受けるとともに特約のない限り、損失も分担する。但しこの損失分担は営業者と匿名組合員の契約の問題であり、匿名組合員は第三者に対しては営業者の債務に関し責任を負わない（商536条4項）。

エ．正しい。

商539条。

以上により、正しいものは、アとエである。

第3部
金融商品取引法

103 発行市場①

《解答》 3

《解説》

ア．正しい。

　　金融商品取引法4条1項3号。重ねて届出が必要となるわけではない。

イ．誤り。

　　適格機関投資家に有価証券を取得させ、又は売り付ける場合において、目論
　見書の交付を受けないことについて、当該適格機関投資家の同意がない場合で
　あっても、当該目論見書を交付する必要はない（金融商品取引法15条2項1
　号）。ただし、適格機関投資家から当該目論見書の交付の請求があった場合は、
　目論見書を交付しなければならない（同号かっこ書）。

ウ．誤り。

　　会社が発行しようとしている有価証券と同一銘柄を所有する者に対しては、
　目論見書の交付を受けないことについて、その者の同意がない場合、当該目論
　見書を交付しなければならない（金融商品取引法15条2項2号イ）。

エ．正しい。

　　金融商品取引法23条の7第1項。この場合において、発行登録は、内閣総理
　大臣が当該発行登録取下届出書を受理した日に、その効力を失う（同条第2項）。
　　以上により、正しいものは、アとエである。

104 発行市場②

《解答》 3

《解説》

ア．正しい。

　　金融商品取引法5条1項2号3項4項。有価証券報告書の記載事項と重複す
　る部分の簡略化が認められる。

イ．誤り。

有価証券届出書を提出した後に、届出書類に記載すべき重要な事項の変更が生じた場合には、有価証券報告書の場合と異なり、訂正届出書の提出が必要になる（金融商品取引法7条1項、24条の2、24条の5第4項、企業内容等の開示に関する内閣府令19条）。有価証券報告書に関しては、提出後の重要な事項の変更が生じた場合には臨時報告書の提出が必要となる。

ウ．誤り。

届出の効力発生前に行う有価証券の募集又は売出しの勧誘のために、届出目論見書を用いることができない（金融商品取引法15条1項2項）。募集又は売出しの届出後は勧誘行為が可能となるが、届出の効力発生後に用いられる届出目論見書は用いることができない。

エ．正しい。

金融商品取引法4条1項3号、13条1項柱書本文後段、ただし書、15条2項、開示府令11条の4、11条の5。新株予約権証券に関するライツ・オファリング（会社法277条の新株予約権無償割当て）の一定の場合は、目論見書の交付が不要とされる。

以上により、正しいものは、アとエである。

105 発行市場③

《解答》　3

《解説》

ア．正しい。

法23条の3第1項、5条4項。

イ．誤り。

証券情報である。

ウ．誤り。

2年以内である。法23条の6第1項。

エ．正しい。

法23条の4。

以上により、正しいものは、アとエである。

106 流通市場①

《解答》　　5

《解説》

ア．誤り。

　　公衆の縦覧に供しないことを内閣総理大臣に申請し、この申請が承認された場合にはその部分は公衆の閲覧に供しないとされている（金融商品取引法25条4項）。

イ．正しい。

　　金融商品取引法25条1項4号。

ウ．誤り。

　　資本金50億円以上の上場会社である。（開示府令20条2項）。

エ．正しい。

　　金融商品取引法5条1項2号、24条1項柱書。この両者が同一であることから、発行開示と継続開示とを統合調整して、発行開示を簡略化する組込方式及び参照方式が創設されたのである。

　　以上により、正しいものは、イとエである。

107 流通市場②

《解答》　　2

《解説》

ア．正しい。

　　5年間、公衆縦覧に供しなければならない（法25条1項6号）。

イ．誤り。

　　法24条の4の4第1項。上場会社等に限る。

ウ．正しい。

法24条の4の8。

エ．誤り。

　　自発的訂正報告書の提出は不要である。訂正届出書に関しては正しい（法7条前段）。しかし、訂正報告書に関しては誤り。訂正報告書に関しては、提出後の事情変更は除外されている。そのような場合には、臨時報告書の提出が要求されている。

　　以上により、正しいものは、アとウである。

108 公開買付け

《解答》　1

《解説》

ア．正しい。

　　法27条の2第2項。金融商品取引法施行令8条1項。

イ．正しい。

　　法27条の2第3項。

ウ．誤り。

　　法27条の12第1項。

エ．誤り。

　　5年である。法27条の14。

　　以上により、正しいものは、アとイである。

109 大量保有開示

《解答》　2

《解説》

ア．正しい。

　　法27条の23第1項。

イ．誤り。

法27条の25第1項。

ウ．正しい。

法27条の25第2項。

エ．誤り。

法27条の26。保有割合が初めて5％を超えることになった基準日から5営業日以内に提出すればよい。

以上により、正しいものは、アとウである。

110 民事責任、刑事責任、課徴金

《解答》　　6

《解説》

ア．誤り。

有価証券届出書のうちに、重要な事項について虚偽の記載があった場合、当該有価証券届出書の届出者は、当該虚偽記載につき故意又は過失がなかったことを証明したときであっても、当該有価証券を募集に応じて取得した者に対して、損害賠償責任を負う（金融商品取引法18条1項参照）。

イ．誤り。

有価証券届出書のうちに、重要な事項について虚偽の記載があった場合、当該有価証券の売出しに係る有価証券の所有者は、当該有価証券を売出しに応じて取得した者に対し、虚偽記載により生じた損害を賠償する責任を負う場合がある（金融商品取引法21条1項柱書本文2号）。なお、有価証券の取得者が、その取得の申込みの際に虚偽記載につき悪意であった場合（同条項柱書ただし書）、又は、売出しに係る有価証券の所有者が、記載が虚偽であることを知らず、かつ、相当な注意を用いたにもかかわらず知ることができなかったことを証明した場合には責任を負わない（同条2項1号）。

ウ．正しい。

臨時報告書のうちに、重要な事項について虚偽の記載があった場合、当該臨時報告書の提出者は、当該臨時報告書が公衆の縦覧に供されている間に、当該

臨時報告書の提出者が発行者である有価証券を募集又は売出しによらないで取得した者に対して、法定の限度内の損害賠償責任を負うが、当該有価証券を取得した者が、その取得の際に虚偽記載を知っていたときは、当該責任を負わない（金融商品取引法21条の2第1項、25条1項10号、19条1項）。

エ．正しい。

目論見書のうちに、重要な事項についての虚偽の記載があった場合において、当該目論見書を作成した発行者が、当該募集に応じ当該目論見書の交付を受けて有価証券を取得した者に対して負担する責任については、賠償責任額の限度が法定されている（金融商品取引法18条1項2項、19条1項）。

以上により、正しいものは、ウとエである。

資格の大原は
一発合格主義！

多くの方が一発合格できるその理由

受験指導のプロ！常勤講師！

資格の大原の講師陣は、
会計士**受験指導に特化したプロ集団**。
豊富な知識と経験を生かして、
受験生を**一発合格へと導きます**。

講1師

教2材

徹底的にこだわったオリジナル！

講師が**試験傾向に合わせて毎年改訂**する
大原オリジナル教材。
一発合格を目指すなら、
使いやすさ抜群の大原の教材です。

カリキュラム3

負担を抑えて合格レベルに到達！

多くの一発合格者を輩出した大原が
試験を徹底的に分析。
蓄積された**データを基に設計**された
合格カリキュラム。

詳しくはWebで！「大原の公認会計士講座の特長」

無料受講相談受付中！

オンライン	来 校
電 話	メール

公認会計士を目指す方に最適な合格プランをご提案いたします。
大学生はもちろん、高校生から社会人まで多くの合格者と接してきた
経験豊富な講師が皆さんの受講・受験に向けた不安を解消いたします。
ぜひお気軽にお問い合わせください。

大原の公認会計士受験シリーズ
短答式対策　企業法　試験に出る問題集（8版）

2016年2月25日　初版発行
2023年5月1日　　8版発行

■著　　　者——資格の大原　公認会計士講座
■発　行　者——大原出版株式会社
　　　　　　　　〒101-0065
　　　　　　　　東京都千代田区西神田1-2-10
　　　　　　　　TEL 03-3292-6654
■印刷・製本——奥村印刷株式会社

落丁本、乱丁本はお取り替えいたします。定価はカバーに表示してあります。
ISBN978-4-86783-050-5　C3033